運動センスが目覚める!

おうちでできる

スイッチマン体操

元トライアスロン日本代表
青山 剛

実務教育出版

はじめに

2020年から私たちの生活様式が変えられてしまいました。その原因は、言うまでもなく新型コロナウイルスの感染拡大です。

マスクの着用は当たり前、不要不急の外出は控え、また密な状態を避けることも求められました。飲食店は営業時間短縮、会社員はリモートワーク、音楽やスポーツイベントにも観客数の制限がなされるなど多くの人が窮屈を強いられています。トレーニングコーチである私も、セミナー等の中止を余儀なくされ、以前のように精力的に活動することはできなくなりました。今後、感染拡大がある程度収まったとしても、完全収束するには、かなりの時間がかかること

スイッチマン体操が、子どもたちの生活を変える。

でしょう。新生活様式は続きます。

そんな状況下で、私が一番気になったのは、子どもたちの運動環境でした。ただでさえ子どもたちの運動不足が懸念されている昨今、そこに輪をかける状況が生じてしまったのです。将来のためにも、子どもたちに少しでも楽しく動ける機会をつくってあげたいと思いました。こんな時だからこそ元気を与えたい、と。

そこで始めたのが「スイッチマン体操」。

これは、外に出られなくても、家の中の狭いスペースで楽しくできてしまう運動。身体能力も関係なくでき、子どもたちの運動不足を解消。ひいては眠っていた運動能力をも開花させるものです。

ぜひトライしてみてください。お子さんの未来のために——。

本書の使い方

すべての「スイッチマン体操」を動画で観られます！

本書で紹介している「スイッチマン体操」＜1ヒジつき胸開き＞から
＜31カカトタッチ＞まで31種目と「スイッチマン的日常」の動画を用意しました。
QRコードをスマートフォン等で読み込んでご覧ください。

P.86
動画を観る！

P.16
動画を観る！

動画を観るには…

<QRコードの使用方法>

QR コードを読み込むには、専用のアプリが必要です。
(機種によっては最初からインストールされているものもあります)

1 掲載している QR コードをお手持ちのモバイルデバイス（スマートフォンやタブレットなど）の QR コードリーダーアプリで読み取ると動画再生画面にアクセスでき、各動画をご覧いただけます。QR コードを読み取る機能がない場合は、アプリをダウンロードしインストールします。『QR コード』などで検索すると多くの無料アプリが見つかりますので、気に入ったものをインストールしましょう。

2 インストールが完了したらアプリを起動します。起動すると、ほとんどの機種の場合、撮影モードになります。

3 画面内に四角の枠が表示されます。その枠内に収まるように、QR コードを写してみましょう。上手に読み込むコツは、枠内に大きめに収めること、距離を調整してピントを合わせること。

※動画を再生するには、インターネットに接続する必要があります。動画再生は無料ですが、その際に通信費等がかかる場合は、ご利用者のご負担となります。なお、通信状況やメンテナンス等によってご覧いただけない場合、機種によって正常に再生できない場合もあります。2021 年 3 月時点での代表的なスマートフォン・パソコンで動作確認をしておりますが、個別の機種についてはサポートしていません。ご不明な点等は、各メーカーや通信キャリアにお問い合わせください。

CONTENTS

運動センスが目覚める！
おうちでできる
スイッチマン体操

スイッチマン体操〈「足が速くなる」編〉

スイッチマン体操〈「背が伸びる 姿勢がよくなる」編〉

スイッチマン体操〈「俊敏性を高める」編〉

スイッチマン体操〈ケガ予防編〉

第2章

子どもの将来に備える9つのポイント

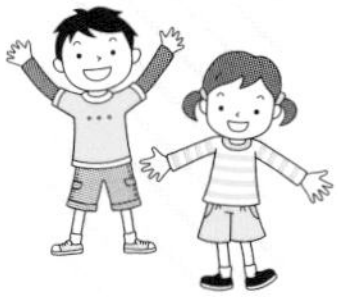

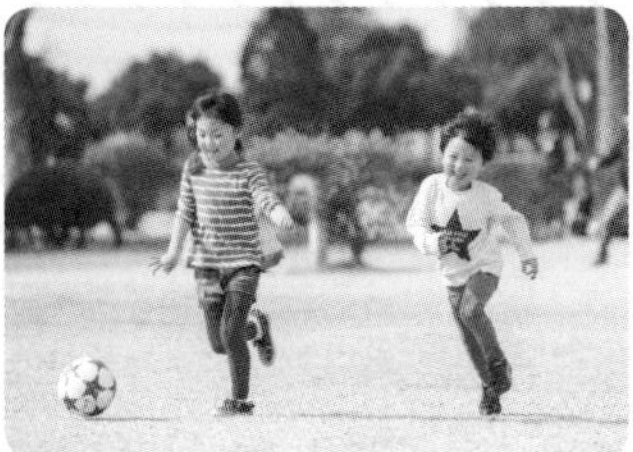

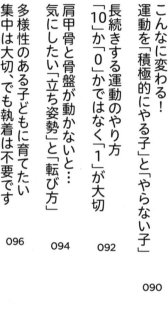

第3章

教えて！ スイッチマンQ&A

SWITCH MAN

第1章

楽しく簡単にできる スイッチマン体操

スイッチマン体操《たいそう》を始《はじ》める前《まえ》に やっておきたい 〈上半身編《じょうはんしんへん》〉

ストレッチⅠ

まずは、肩甲骨《けんこうこつ》まわりをしなやかにしておこう。すべて立《た》ったままでできるストレッチだ。伸《の》ばす時間《じかん》は20秒《びょう》を目安《めやす》にやってみよう。

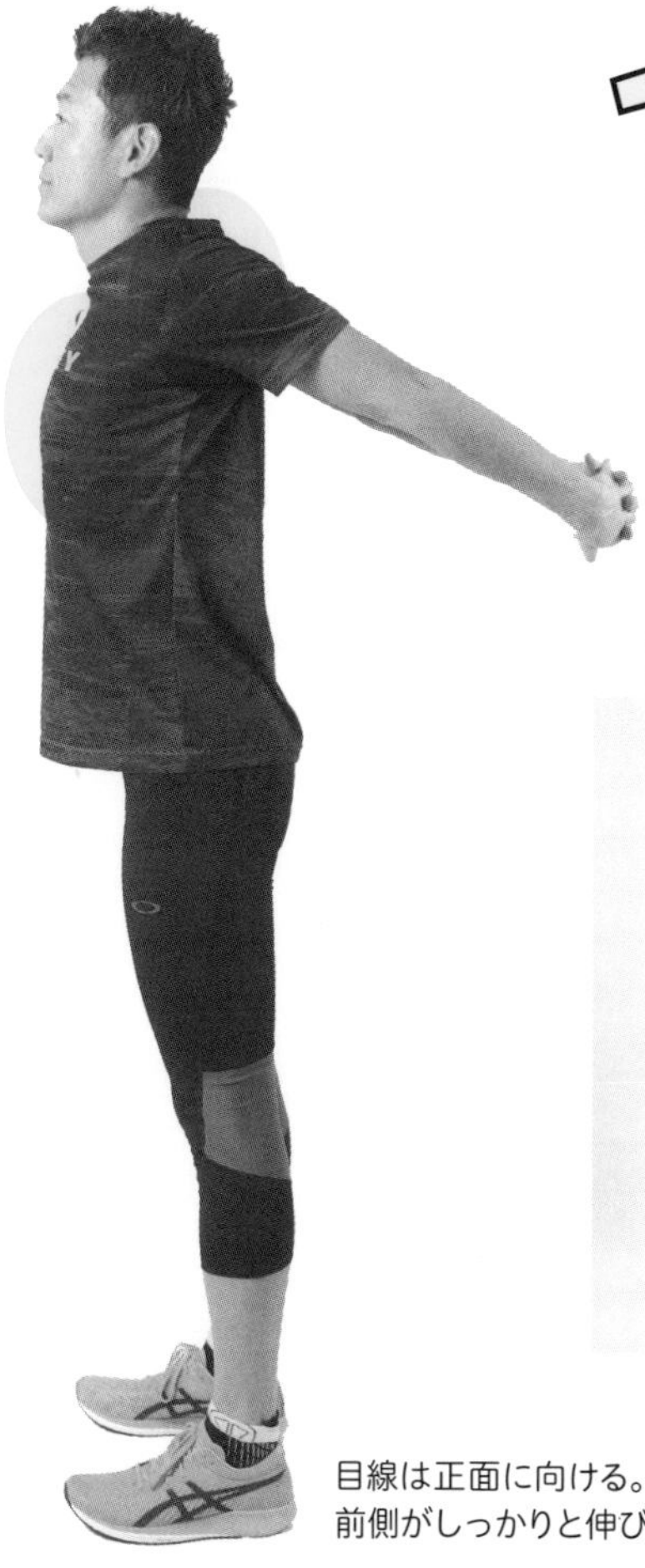

1 後《うし》ろで手《て》を組《く》み胸《むね》を伸《の》ばす

両手をカラダの後ろで組んで、ヒジをまっすぐに伸ばして胸を張る。肩甲骨を寄せて胸を伸ばそう。

前から見ると…

後ろから見ると…

目線は正面に向ける。胸と肩の前側がしっかりと伸びるぞ！

2 上半身《じょうはんしん》を前《まえ》に倒《たお》そう

1の姿勢から、ヒザを伸ばしたままゆっくりと上半身を前へ倒す。できる限り顔をヒザに近づけてみよう。

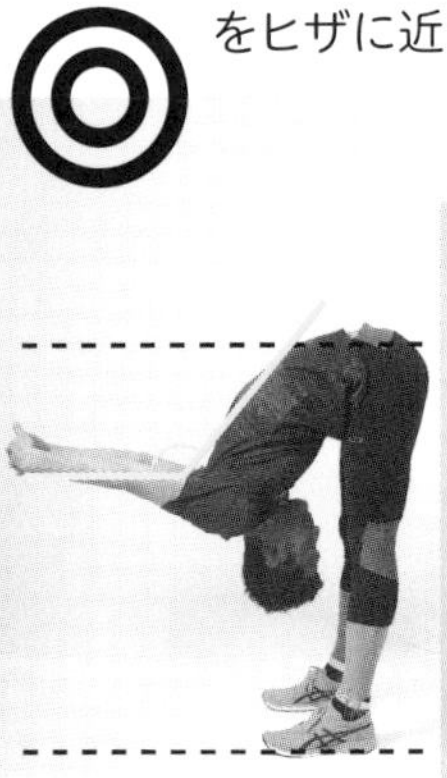

ここまでできればアスリート級！

腕の角度が90度になれば合格点。

カラダのかたい人は無理をしなくても大丈夫。できる範囲で上半身を前に倒してみよう。胸だけではなく背中全体が伸びる。

3 ヒジを持《も》って

頭の後ろで左ヒジを右手で横に引く。上半身を左右に傾けないように注意！　左右逆パターンもやってみよう。

無理にヒジを押し込む必要はない。胸を張った姿勢で肩まわり、脇の横をしっかり伸ばそう。

4 後《うし》ろに片手《かたて》をまわして

片側ずつ肩甲骨を動かして、その周囲の筋肉を伸ばす。肩甲骨が離れる感覚を味わいながらやってみよう。

左手を後ろにまわして右手でヒジを引く。左右逆パターンも行う。

Easy

手が後ろにまわらない人は、こぶしを脇下につけて行ってもOK！

斜めから見ると…

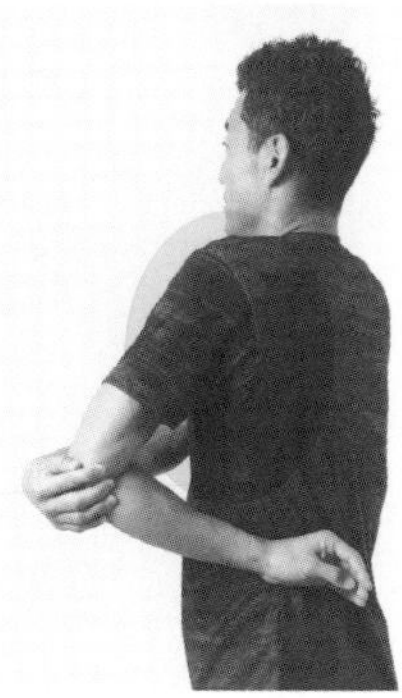

5 両腕《りょううで》をからめて上半身《じょうはんしん》を前《まえ》に倒《たお》そう

まっすぐに立ち、腕をからめ上半身を前に倒す。肩甲骨が開き、そのまわりの筋肉をしっかりと伸ばせる。

両腕をクロスさせる形で左右に伸ばす。

ヒジを曲げて両腕を顔の前で密着させる。

上半身を前に倒す。肩甲骨まわりだけではなく、腰もしっかりと伸ばせる。

6 開《ひら》いた足《あし》の内側《うちがわ》にヒジを入《い》れて

両ヒジを足の内側に入れ上半身を前に倒すことで、肩甲骨を開く。同時に腰もしっかりと伸ばそう。

後ろから見ると…

足幅を広めにしてまっすぐに立ち、両手を後ろにまわす。

上半身を前にゆっくりと倒し、ヒジは開いた足の内側に入れる。できる人は、ここからヒザを閉じる。

7 腕《うで》をクロスさせて

腕をクロスさせた時に肩の位置を動かさないように注意しながらやってみよう。肩の筋肉をじんわりと伸ばす。

両腕をクロスさせた後、右腕を引き寄せる。左右逆パターンもやってみよう。

スイッチマン体操

1

肩甲骨編《けんこうこつへん》

〈20回〉

ヒジつき胸《むね》開《びら》き

これから 10 種類の肩甲骨を動かす体操を紹介。まずは、腕の動きに合わせてしっかりと肩甲骨を寄せてはなしてみよう。ギュ～っとしぼって、大きく開くぞ！

胸《むね》を開《ひら》いて閉《と》じる！

背中を丸めて胸の筋肉をギュ～っとしぼる。

背すじを伸ばして両腕を後ろに引く。

POINT!

肩甲骨《けんこうこつ》を寄《よ》せてはなす！

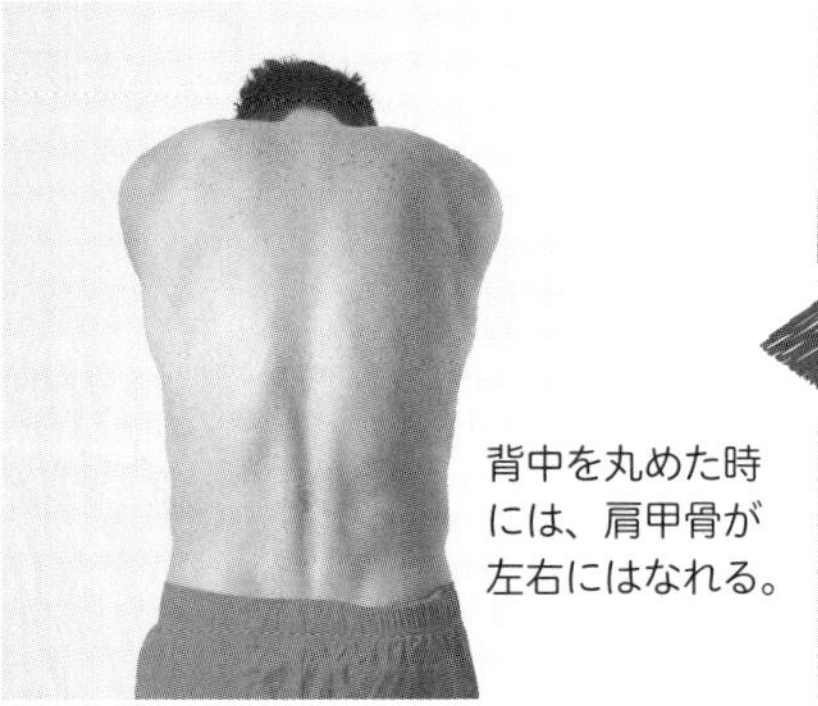

背中を丸めた時には、肩甲骨が左右にはなれる。

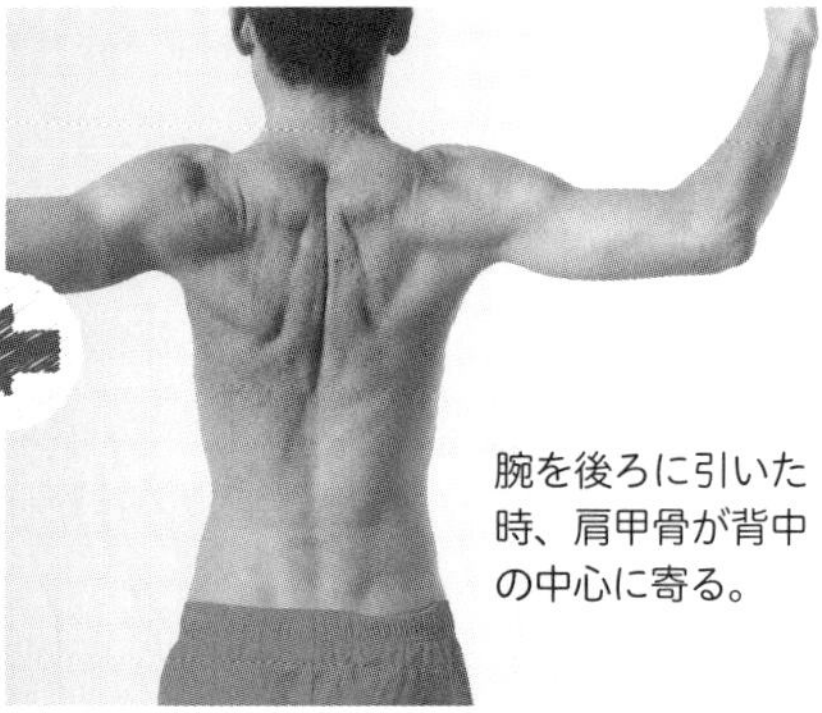

腕を後ろに引いた時、肩甲骨が背中の中心に寄る。

背中《せなか》に手《て》を触《ふ》れてもらうと肩甲骨《けんこうこつ》の動《うご》きを意識《いしき》しやすいよ！

ヒジの位置が下がらないように注意しよう。

前から見ると…

目線と手のひらは正面に向ける。

背中を丸めた時、両腕のヒジをしっかりと合わせる。

スイッチマン体操

2

肩甲骨編《けんこうこつへん》

〈20回〉

両腕《りょううで》上《あ》げ下《さ》げ

胸を張ってまっすぐに立ち両腕を高く上げてみよう。その姿勢からヒジを曲げて両腕をゆっくりと下ろす。肩甲骨の動きを感じながら繰り返しやるぞ！

〈1:10～〉

シュッ！

姿勢はそのままで腕だけを下ろす。肩甲骨の寄りが感じられる。

胸《むね》を張《は》り、両腕《りょううで》を上《あ》げて下《さ》げる！

大きく腕を上げて

足の幅はこぶし2つ分に開く。目線は正面に向けよう。

POINT!

肩甲骨《けんこうこつ》を上下《じょうげ》に動《うご》かそう！

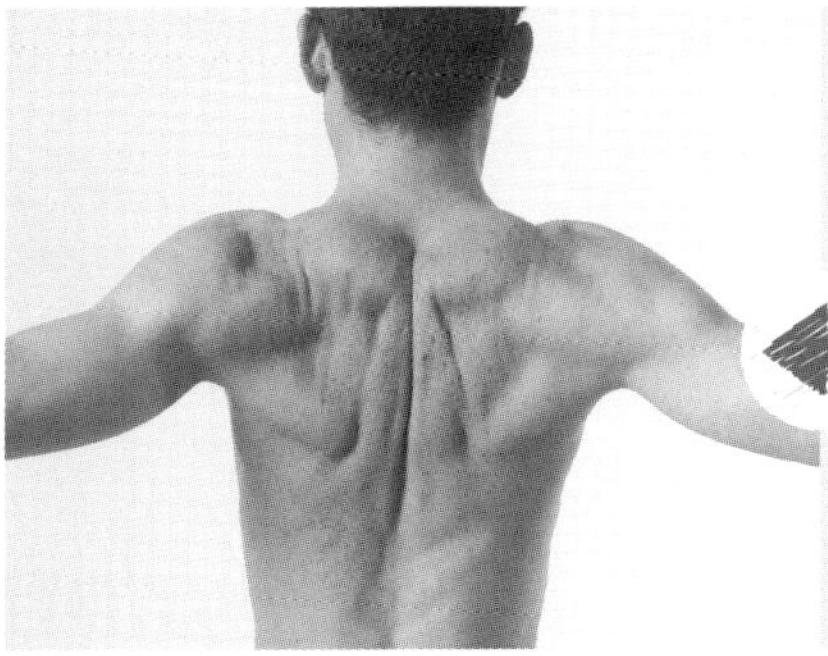

腕を下ろした時に肩甲骨が中央に寄る。

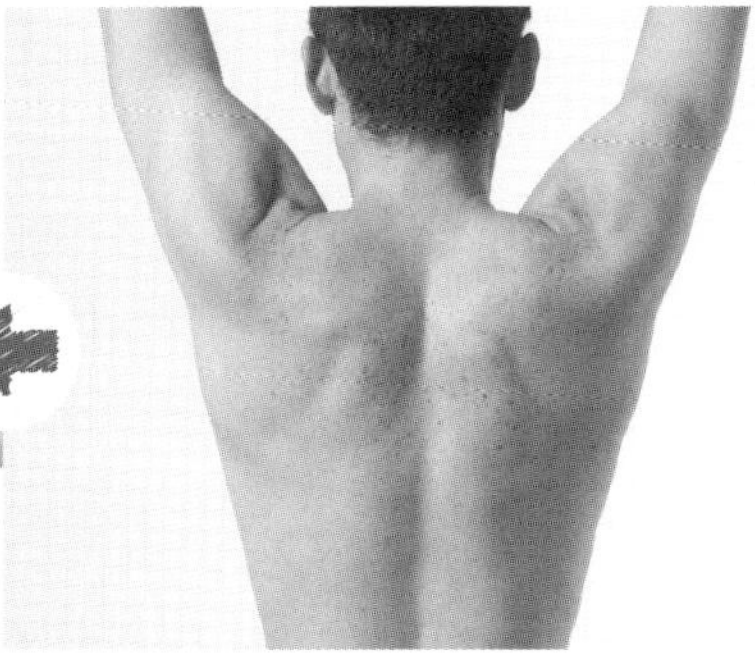

腕を上げた時は肩甲骨が開いている。

背中に手を触れてもらうと肩甲骨の動きを意識しやすい。

横から見ると…

腕を下げた時、手のひらは外側に向ける

腕を下ろした時、手のひらが外側に向いている。

腕を下ろした時、手のひらが正面に向いている。

スイッチマン体操

3

肩甲骨編《けんこうこつへん》

〈20回〉

肩甲骨開《けんこうこつびら》き

ヒジを 90 度に曲げて前に出した両腕を、胸を開く感じで後ろに引く。肩甲骨をはなして寄せることを意識しながら繰り返しやってみよう。

〈1:40〜〉

両手のひらを上に向けて、両腕を後ろに引く。

胸《むね》を開《ひら》いて

肩甲骨《けんこうこつ》を寄《よ》せる

スタート姿勢。両腕を前に出して小指を合わせる。

POINT!

肩甲骨《けんこうこつ》を開《ひら》いて閉《と》じる

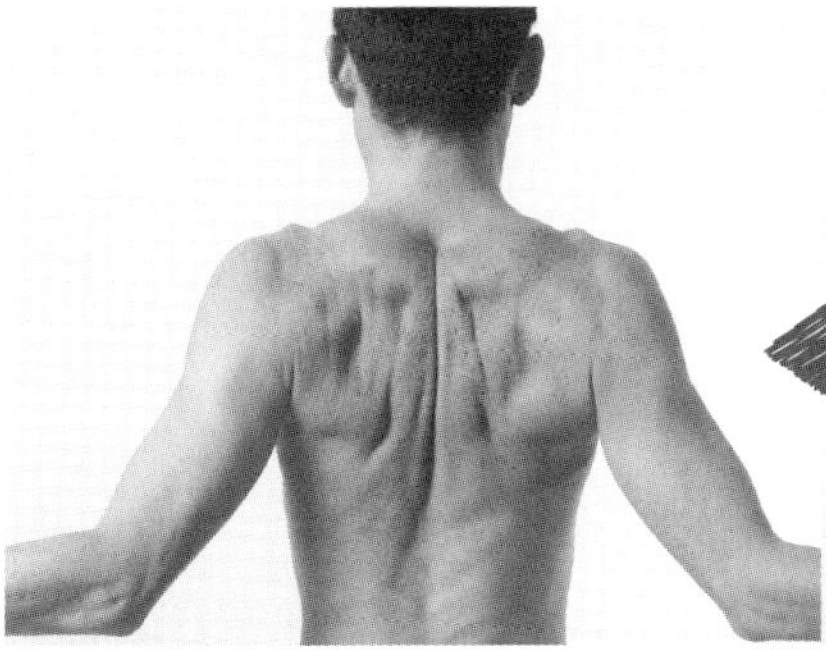

腕を後ろに引いた時、肩甲骨が寄る。

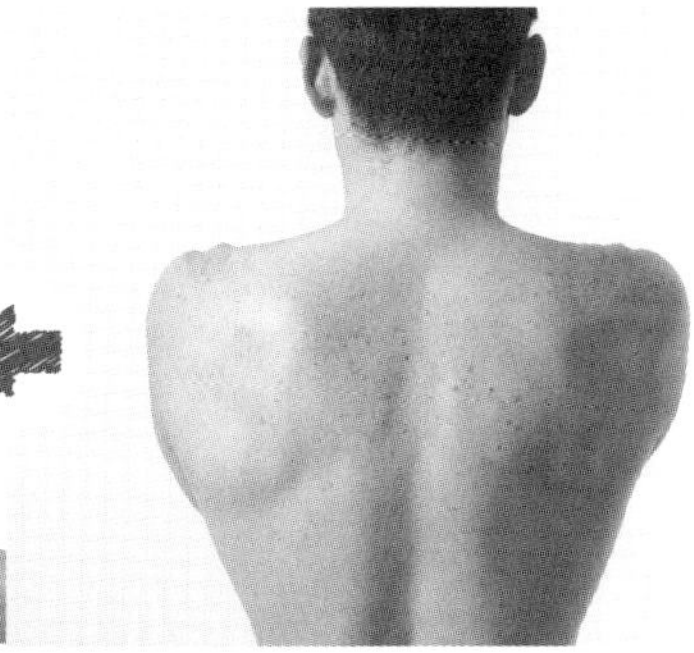

肩甲骨の位置がニュートラルな状態。

目線《めせん》は正面《しょうめん》に
向《む》けるんだよ！

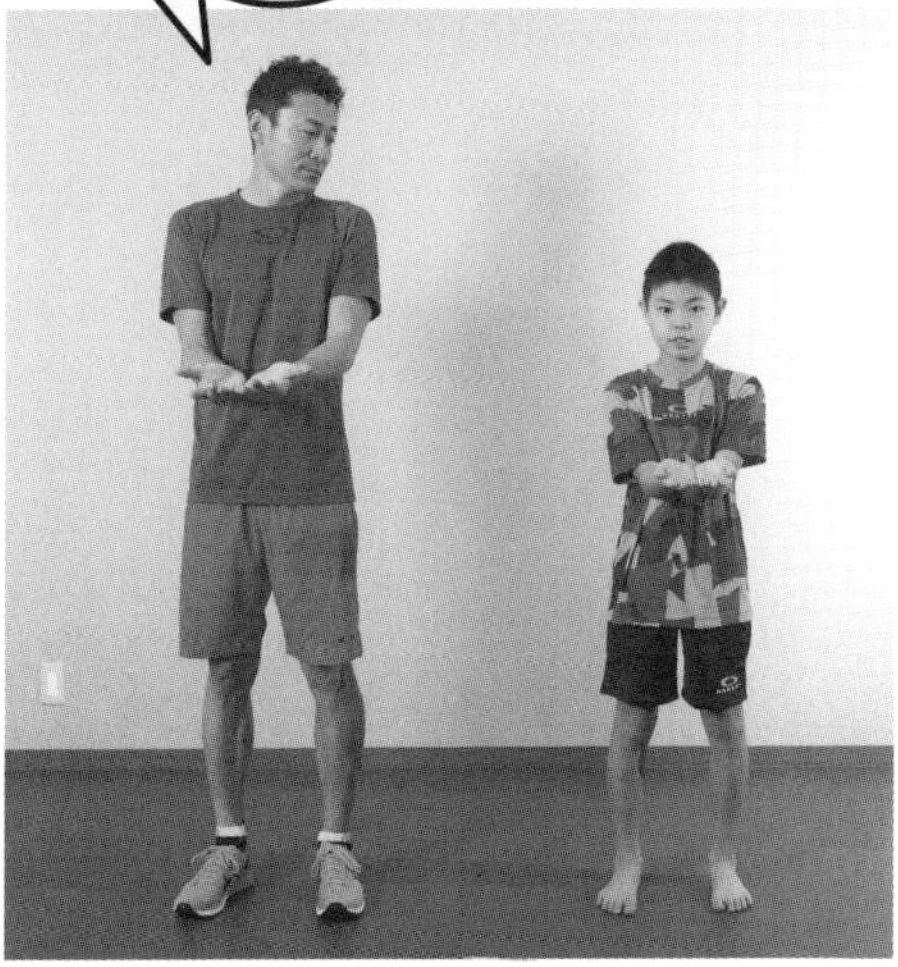

下を向いてしまうと背中が丸まり肩甲骨が上手に動かせなくなるので注意しよう。

横から見ると…

親指をしっかりと後ろに引こう

背中のラインはまっすぐに。目線は正面に向ける。

親指を後ろに動かすイメージで腕を引く。

スイッチマン体操

4

肩甲骨編《けんこうこつへん》

〈左右交互に20回〉

肩甲骨《けんこうこつ》クロス

両腕をクロスさせる形で後ろに引いてみよう。ここでは肩甲骨を斜め45度に動かすぞ。両ヒジは曲げちゃダメ！　ヒジをしっかりと伸ばしてやってみよう。

〈2:10〜〉

ゴムバンドを
広げる
イメージで！

両腕《りょううで》をクロスさせて
後方《こうほう》に引《ひ》く

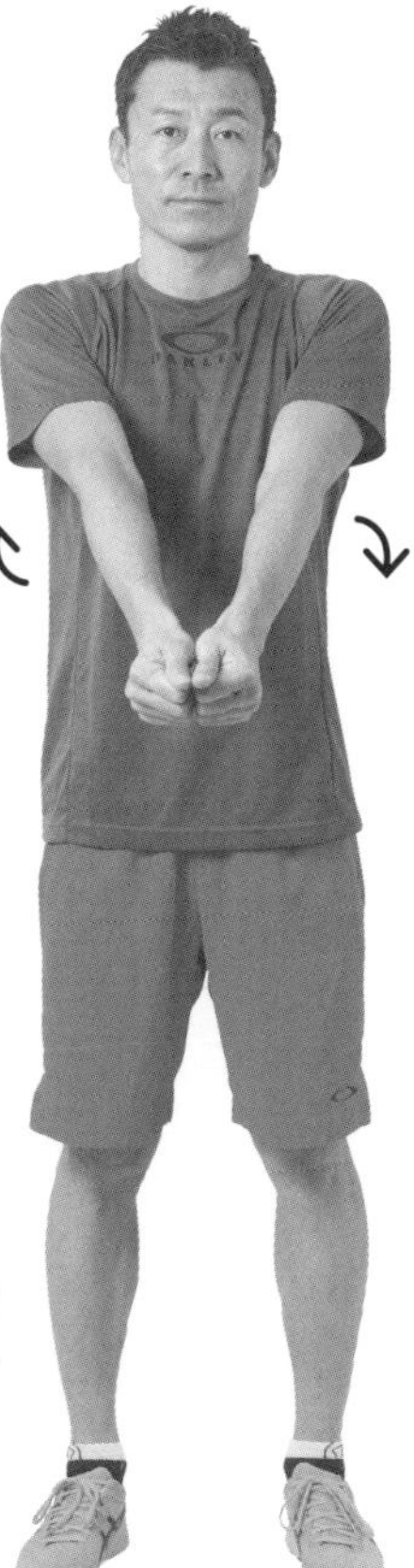

両腕をクロスさせる形で後ろに引く。左右交互にやってみよう。

おへその前で両こぶしを合わせる。ヒジは曲げない。

横から見ると…

NG

ヒジを曲げてはいけない！

ヒジを曲げてしまうと肩甲骨が動かないぞ！

POINT!

両《りょう》ヒジをしっかりと後《うし》ろに引《ひ》き胸《むね》を張《は》る！目線《めせん》は正面《しょうめん》に

しっかりと胸を開くと肩甲骨の寄りが感じられる。

大《おお》きく腕《うで》を動《うご》かそう！

目線は正面に向けて、ヒジは伸ばしたままリズミカルに腕を動かしてみよう。

スイッチマン体操

5

肩甲骨編《けんこうこつへん》

〈20回〉

クロス腕振《うでふ》り

「前へならえ」の姿勢から両腕を後ろに引いてみよう。手のひらを内側に向けたまま上下交互に大きく動かす。肩甲骨が動くぞ！　動くぞ！

〈2:45～〉

動《うご》きは大《おお》きく！
肩甲骨《けんこうこつ》をしっかり動《うご》かす

右腕を真上、左腕を真下にして後ろに引く。

左腕を真上、右腕は真下にして後ろに引く。

両腕をまっすぐ前に伸ばしたスタート姿勢。

POINT!

ヒジを伸《の》ばす！ 曲《ま》げてはいけない

✕ NG

ヒジを曲げてしまうと肩甲骨が動かない。

◎ OK

目線は正面に向けて、ヒジを伸ばして両腕を後ろに引く。肩甲骨の動きを感じながら行う。

OK！
しっかりと
腕《うで》が振《ふ》れてる。
肩甲骨《けんこうこつ》が
動《うご》いてるよ！

上の手は親指、下の手は小指が後ろに引っ張られるイメージでやってみよう。

スイッチマン体操

6

肩甲骨編《けんこうこつへん》

〈10回〉

手首返し《てくびかえ》

目線の位置を前と下に変えながら手首を返す。正面を向いた時には胸を開き、下を向く時には胸を閉じる。さらに肩甲骨を動かすぞ！

手首《てくび》を180度《ど》
動《うご》かしながらやってみよう

胸を閉じ、手首を返しながら両腕を 180 度まわす。

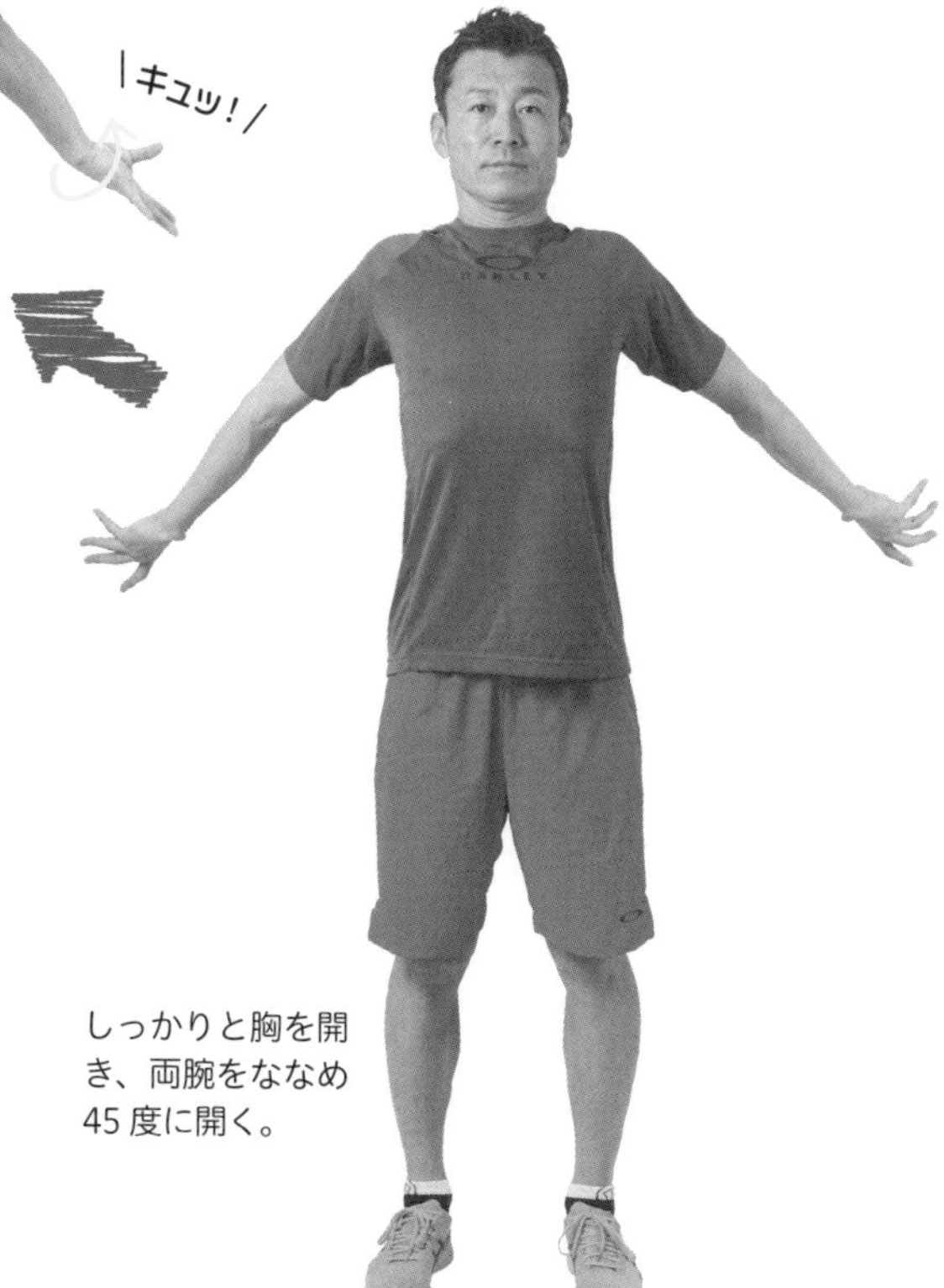

しっかりと胸を開き、両腕をななめ45 度に開く。

POINT!

親指《おやゆび》の動《うご》きを意識《いしき》して手首《てくび》を返《かえ》そう

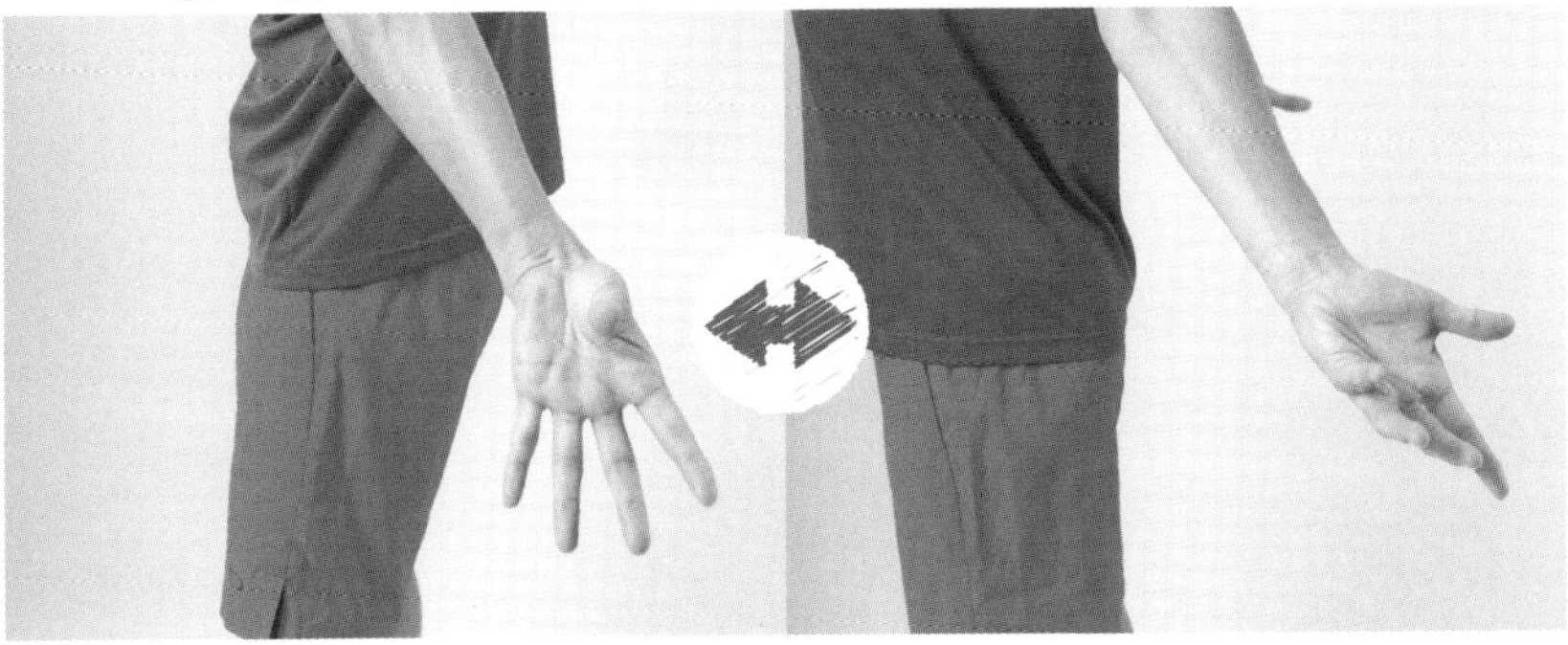

親指の動きに引っ張られるようにして手首を返そう。

後《うし》ろから
手首《てくび》に触《ふ》れて
あげよう！
軽快《けいかい》に動《うご》けるよ

下半身は動かさない。「キュッ！　キュッ！」と
リズミカルに手首を返していこう。

横から見ると…

胸を開いた時に
肩甲骨が寄る。

胸を閉じた時に
肩甲骨がはなれる。

スイッチマン体操

7

肩甲骨編《けんこうこつへん》

肩甲骨《けんこうこつ》まわし

〈左右各10回〉

腕を大きくまわして肩甲骨を動かしていこう。ヒジから先だけをまわすのではない。ヒザのクッションも上手に使って腕全体を、できるだけ大きくまわそう。

〈4:35～〉

まずは片腕《かたうで》だけをまわそう

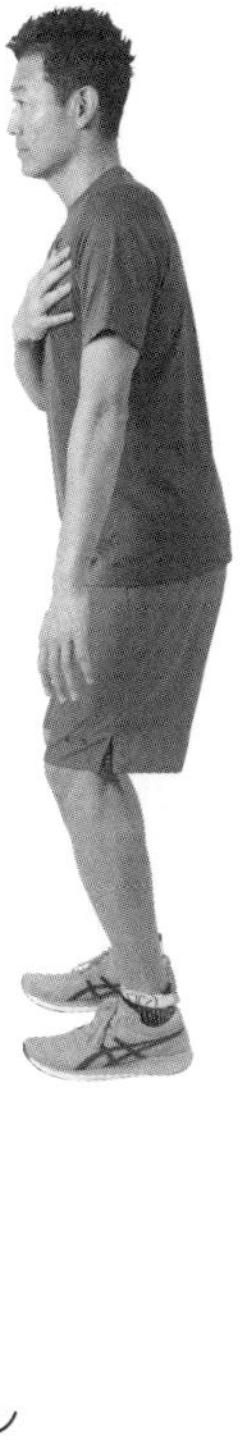

両ヒザをわずかに曲げたスタート姿勢。

ヒザのクッションも使いながら、左腕を前から後ろへとまわす。

肩甲骨の動きを感じながらやってみよう。逆回転（後ろから前へ）、左右逆の腕でも行う。

応用編

両腕《りょううで》まわし

円を描くように両腕を大きく動かす。
前から後ろ、後ろから前にまわしてみよう。

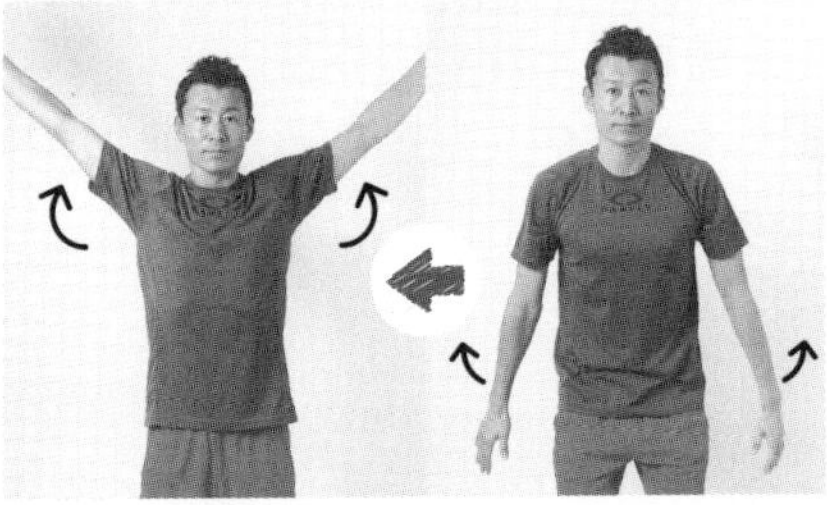

クロールまわし

水泳のクロールをまねて両腕をまわしてみよう。
肩甲骨が左右交互に前後に動く。

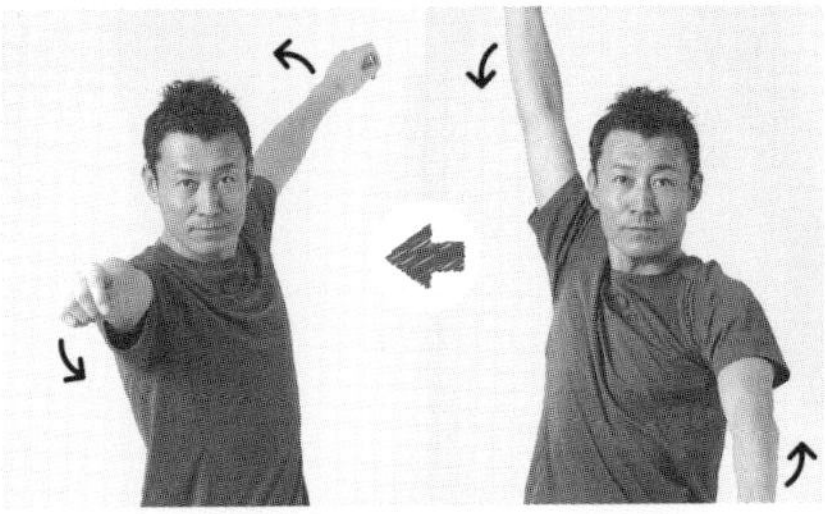

左右逆《さゆうぎゃく》まわし

右腕は前から後ろへ、左腕は後ろから前へ
同時にまわす。左右逆でもやってみよう。

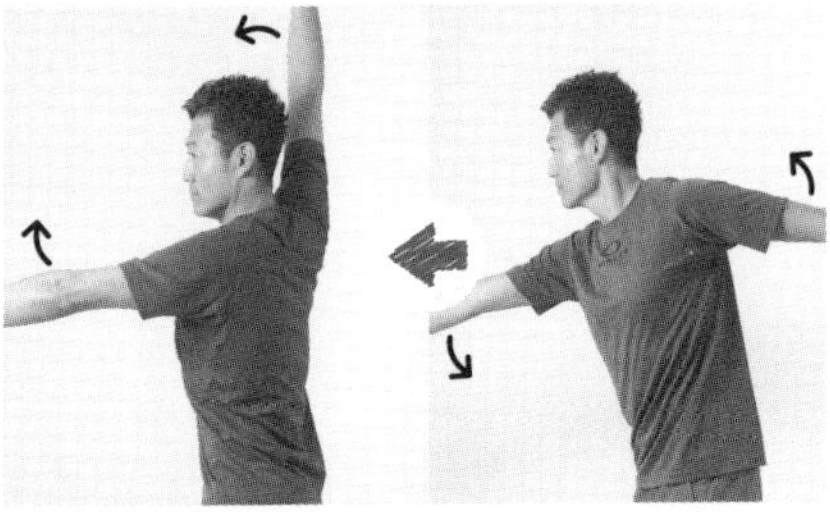

前から見ると…

片手を胸にあてよう

片手を胸にあてて行うと肩甲骨の動きを意識しやすい。

目的は、腕を動かすことではなく、肩甲骨を動かすこと。

スイッチマン体操

8

肩甲骨編《けんこうこつへん》

〈10回〉

前後《ぜんご》クロス

まっすぐに立ちカラダの前と後ろで両腕をクロスさせよう。前で腕を交差させた時に肩甲骨が開き、後ろで腕を交差させた時には肩甲骨が寄る。

〈6:20〜〉

両腕《りょうで》をカラダの
前後《ぜんご》でクロス

交差させる腕の高さは床と平行に。目線は正面に向けよう。

両腕を後ろに大きく振る。この後、後ろで腕を交差させる。

POINT!

肩甲骨《けんこうこつ》の寄《よ》りを体感《たいかん》する

肩甲骨が寄っている。

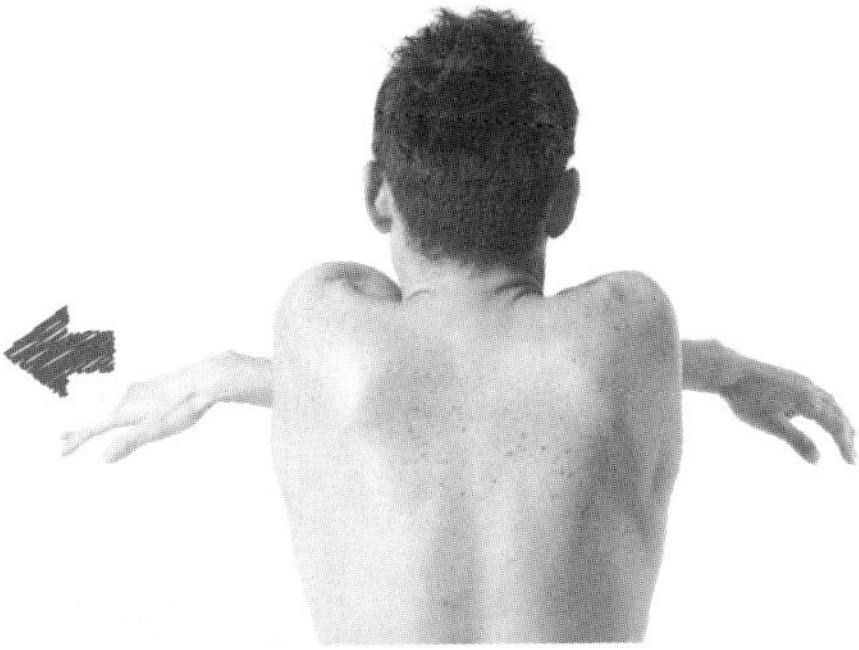

肩甲骨がはなれている。

笑顔《えがお》で！ 笑顔《えがお》で！

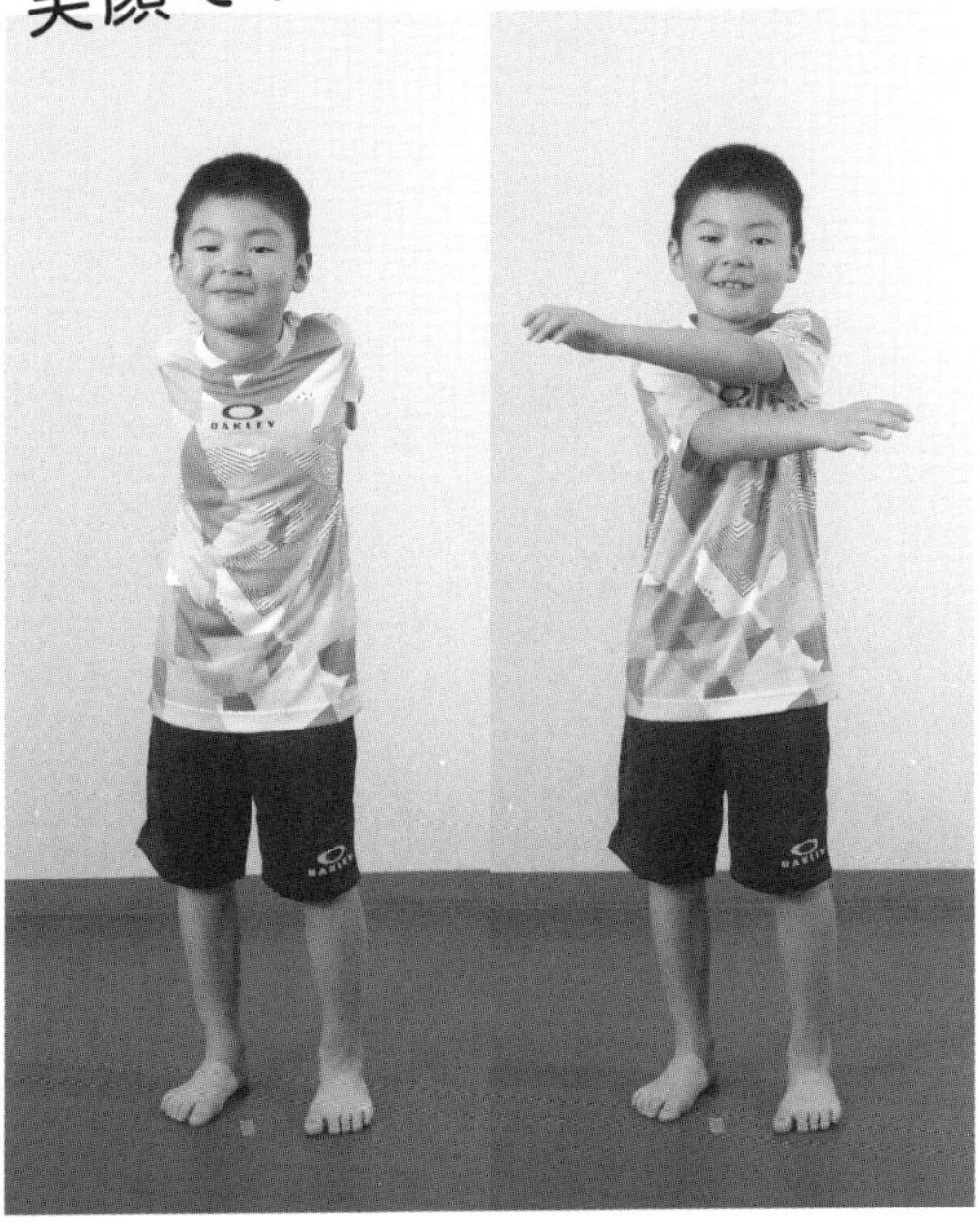

くり返しやると、どんどん肩まわりがやわらかくなっていく。

横から見ると…

背中のラインはまっすぐに。下を向くと背中が丸まってしまうので注意！

後ろから見ると…

後ろに振った時も両腕を交差させよう。

スイッチマン体操

9

肩甲骨編《けんこうこつへん》

〈10回〉

体幹《たいかん》ひねり

お腹とわき腹をしぼるようにして、左右にカラダを大きくひねろう。腕を振る反動で体幹をひねると肩甲骨の動きもしっかりと感じられる。

〈6:30〜〉

まっすぐに立《た》って カラダを左右《さゆう》に 大《おお》きくひねる！

足を開いて立ち、両腕を左右に広げたスタート姿勢。

右にもひねる。大きな動きを心がけよう。

腕を振りながら、左に大きくカラダをひねる。

応用編

斜《なな》め方向《ほうこう》にも 体幹《たいかん》をひねってみよう

上半身を前に倒して斜めにもカラダをひねる。頭の位置を動かさないように注意！

全身を動かしてみよう

しっかりひねれている。でも、首はひねらないように注意だぞ！

腕だけを動かすのではなく、体幹をしっかりとひねろう。

スイッチマン体操

10

肩甲骨編《けんこうこつへん》

〈左右各10回〉

肩甲骨《けんこうこつ》スライド

片腕を斜め 45 度に上げ、この姿勢から肩甲骨をスライドさせる。腕、肩だけを動かすのではない。肩甲骨が動いていることを意識して行うことが大切！

〈6:58～〉

肩甲骨《けんこうこつ》を
ピンポイントで動《うご》かす！

中指を遠くにはなす感じで左腕を斜めに伸ばす。すると肩甲骨が動く。頭と体幹は動かさないように。左右逆もやってみよう。

右手を腰にあて、左腕を斜めに上げたスタート姿勢。

POINT!

体幹《たいかん》はそのままに、肩甲骨《けんこうこつ》だけを動《うご》かす

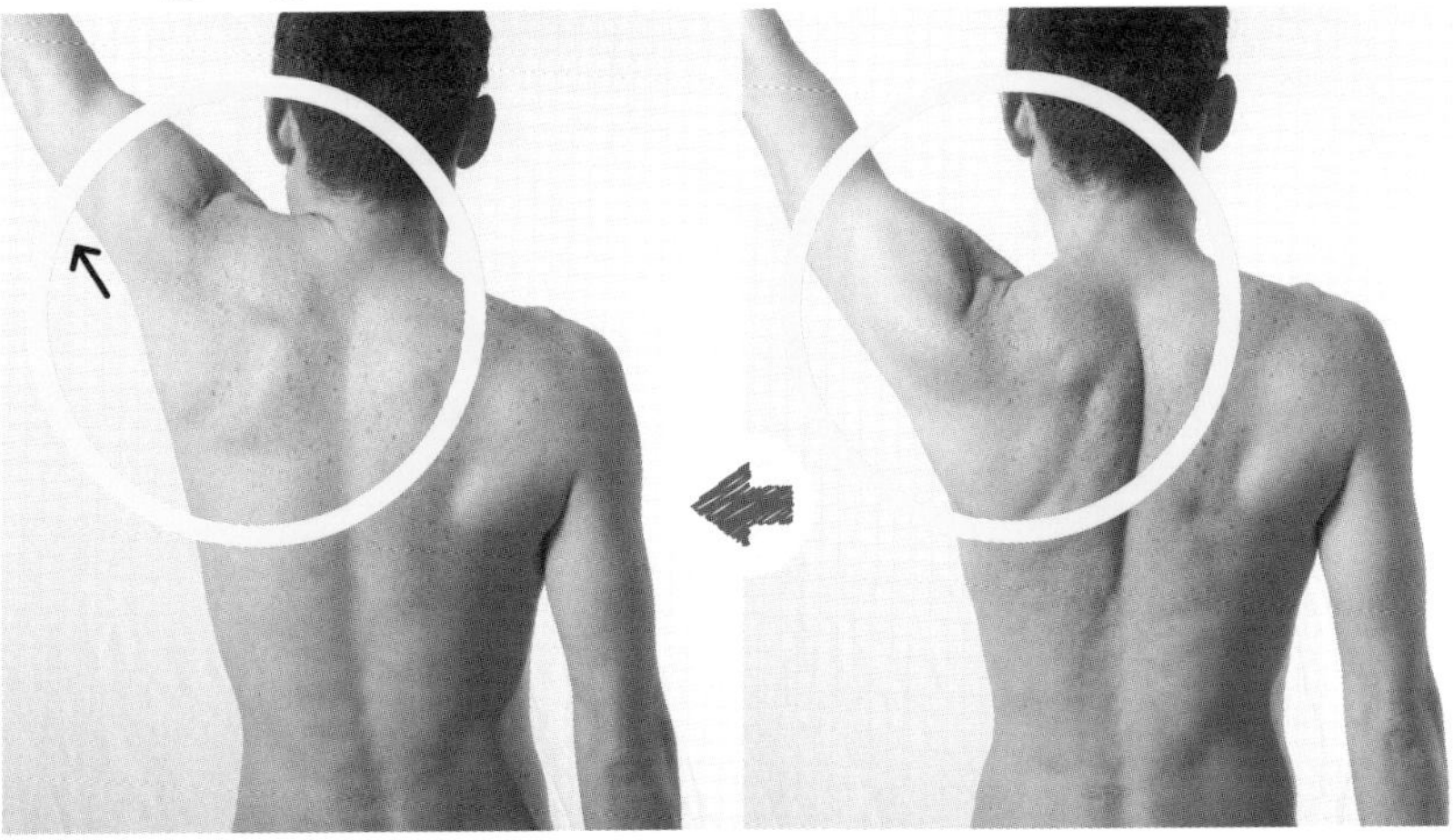

中指を遠くにするイメージでゆっくりと行う。肩甲骨がスライドしている。

腕《うで》じゃなくて
肩関節《かたかんせつ》を動《うご》かす
イメージで！

背中に手で触れてもらうと、肩甲骨がスライドしていることを感じやすい。

スイッチマン体操《たいそう》を始《はじ》める前《まえ》に やっておきたい 〈下半身編《かはんしんへん》〉

ストレッチⅡ

下半身《かはんしん》、股関節《こかんせつ》まわりを、しなやかにしておこう。すべて立《た》ったままでできるストレッチだ。伸《の》ばす時間《じかん》は20秒《びょう》を目安《めやす》に！

1 ふくらはぎを伸《の》ばす

腰に両手をあて足を前後に開く。後ろ側の足のふくらはぎを、しっかりと伸ばそう。

目線は正面に向ける。左右逆もやってみよう。

前から見ると…

伸ばしている側の足のつま先は、まっすぐ正面に向ける。

2 足《あし》を交差《こうさ》させ もも裏《うら》を伸《の》ばす

足を交差させ両手をヒザの上におき、上半身を前に倒す。目線は正面に向け、背中は丸めない。

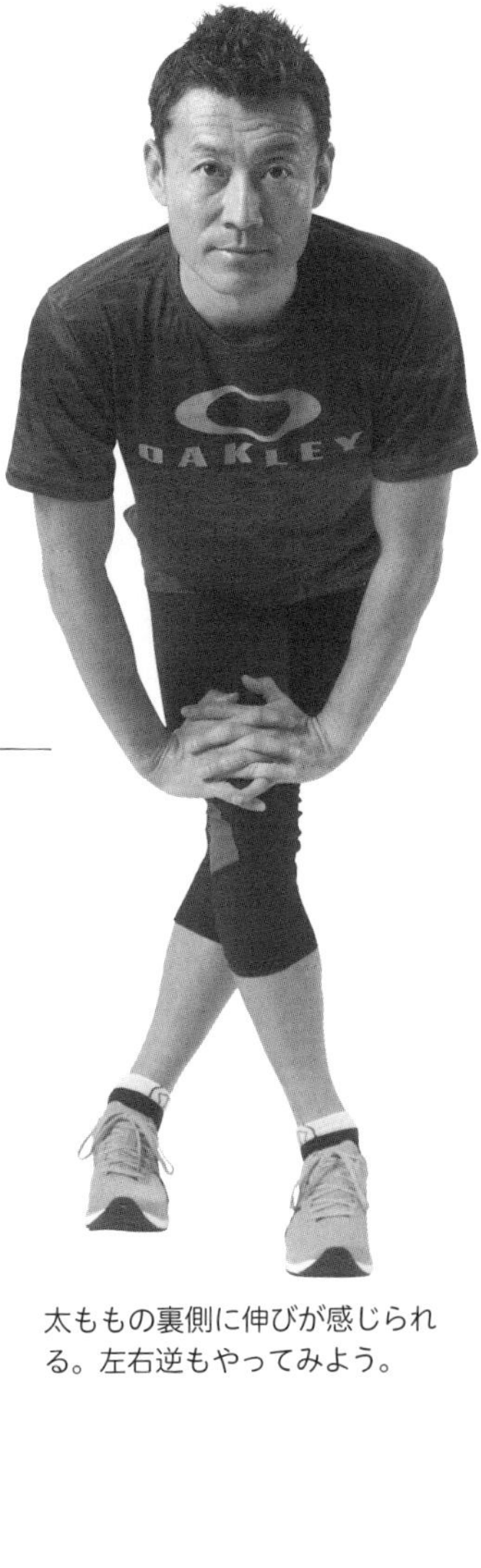

太ももの裏側に伸びが感じられる。左右逆もやってみよう。

3 上体《じょうたい》を倒《たお》して 背中《せなか》を伸《の》ばす

2の姿勢から、背中を丸めて上半身を前へ倒し、両手を床につける。できない人は、できる限り床に指を近づけてみよう。

横から見ると…

2の時には下を向かず、目線は正面に向ける。

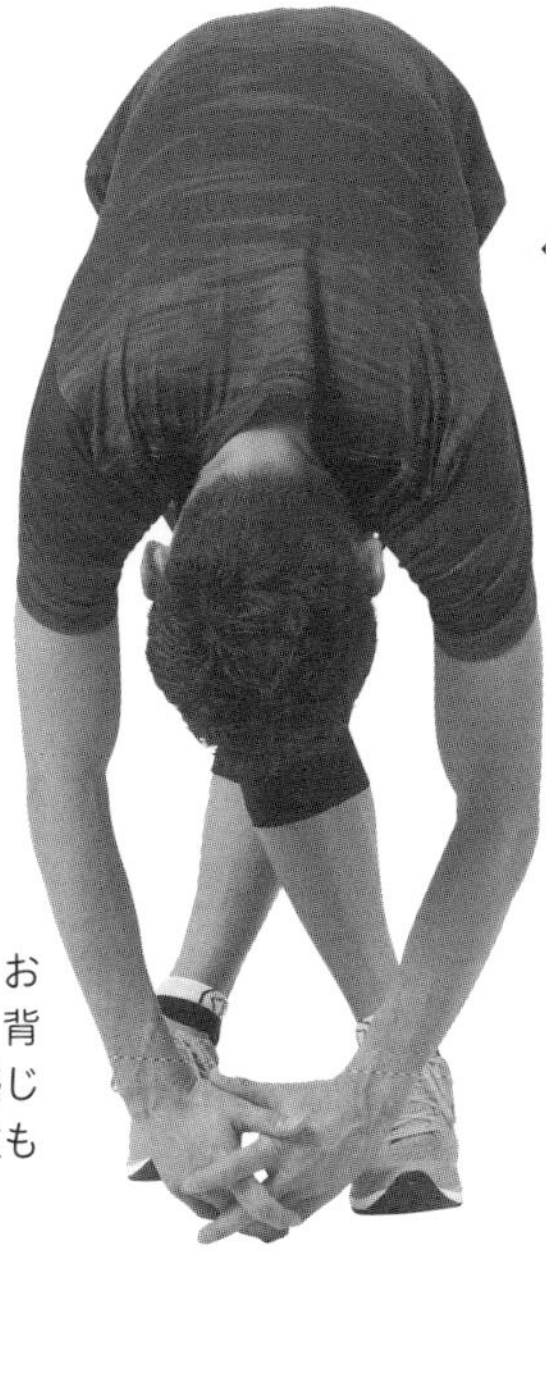

太ももの裏側、お尻に加え、腰、背中にも伸びが感じられる。左右逆もやってみよう。

4 片足《かたあし》を持《も》って

右（左）手を腰にあてバランスを保ちながら、左（右）足を左（右）手で持ち胸を張る。上げた足のヒザは後ろに引こう。

NG

下を向いて背中を丸めてはいけない。

前から見ると…

太ももの前側が伸びる。左右逆もやってみよう。

しっかりバランスを保とう。上手くできない時は、右（左）手を壁について行ってもOK。

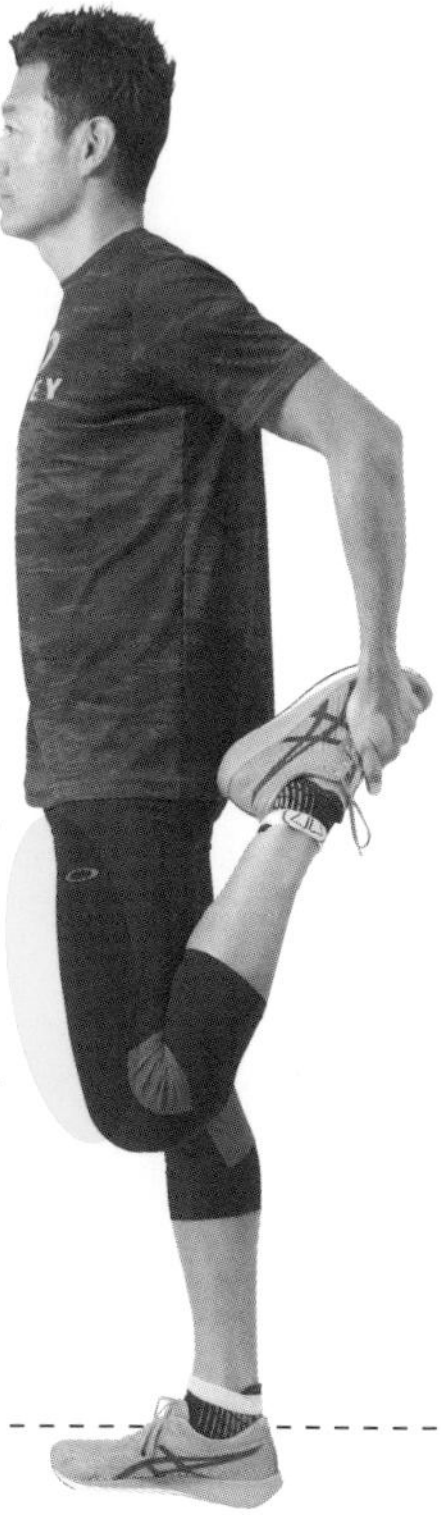

5 足《あし》を前後《ぜんご》に大《おお》きく開《ひら》いて

足を前後に大きく開く。ヒザの上に両手をおき重心を下げてみよう。股関節に伸びが感じられる。

股関節に伸びを感じることがポイント。左右逆もやってみよう。

前から見ると…

目線は正面に向けよう。

6 足《あし》を開《ひら》き 肩《かた》を入《い》れる

足を左右に大きく開き、右（左）ヒジを下に押す感じで右（左）肩を内側に入れる。股関節だけではなく腰、太ももの内側もしっかりと伸ばせる。

カカトは浮かせない。左右交互にやってみよう。

---

7 足《あし》をヒザの上にのせて

左（右）足を右（左）ヒザにのせバランスを保ちながらお尻を突き出す。上手くバランスが保てない時は右（左）手を壁につけてやってみよう。

横から見ると…

背中のラインはまっすぐに。丸めないように注意しよう。

お尻まわりの筋肉を伸ばす。左右逆もやってみよう。

スイッチマン体操

11

股関節編《こかんせつへん》

〈左右各10回〉

足《あし》振《ふ》り上《あ》げ〈前《ぜん》・後《ご》〉

手すり棒、椅子の背などに片手をおき、片足を大きく前後に振り上げよう。前かがみになったり、反ったりせずにまっすぐに立ち、股関節を動かせるぞ！

椅子《いす》の背《せ》に手《て》をおき
足《あし》を大《おお》きく振《ふ》り上《あ》げる

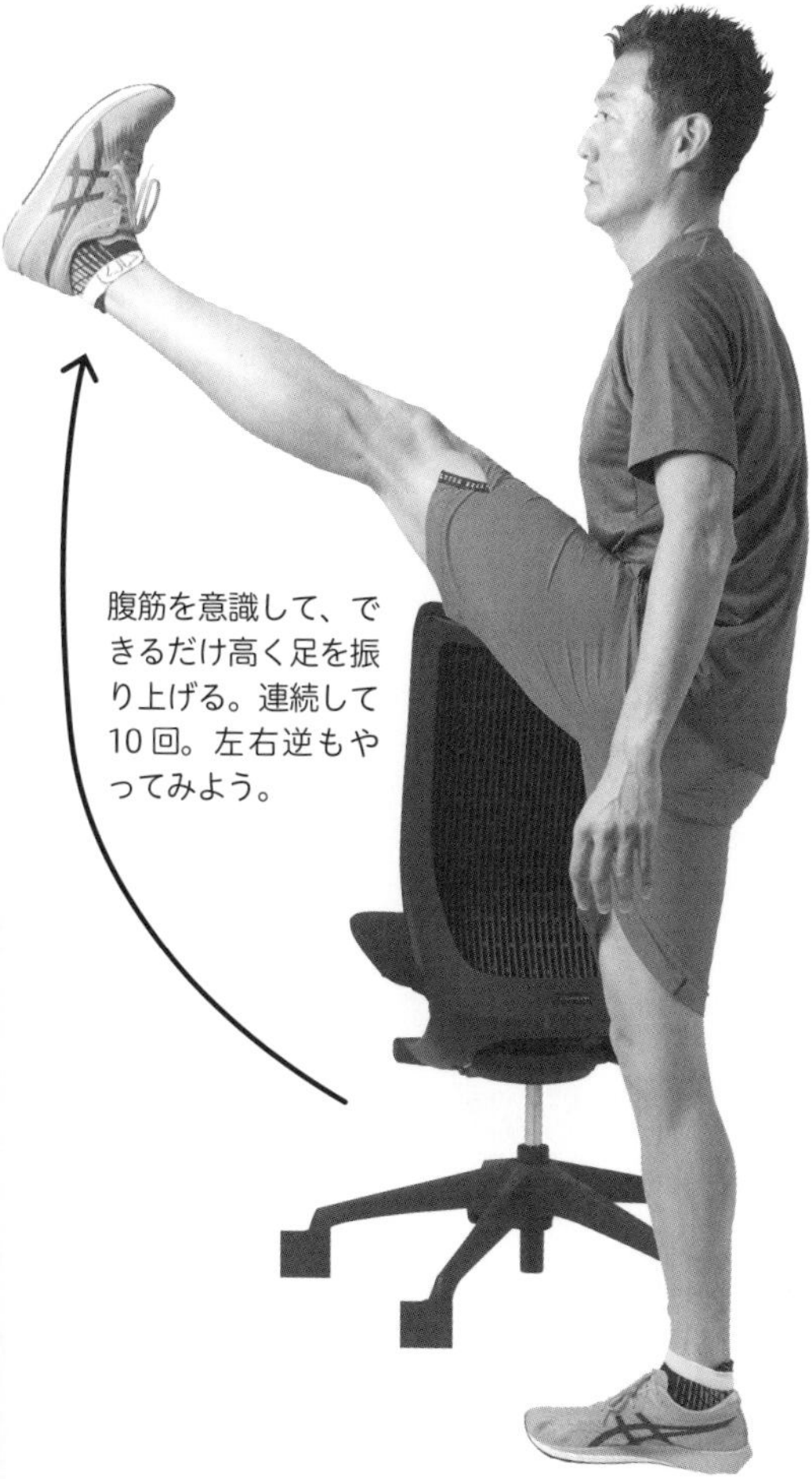

腹筋を意識して、できるだけ高く足を振り上げる。連続して10回。左右逆もやってみよう。

左足を後ろに引いてからスタート。

後方《こうほう》へも足《あし》を振《ふ》り上《あ》げてみよう

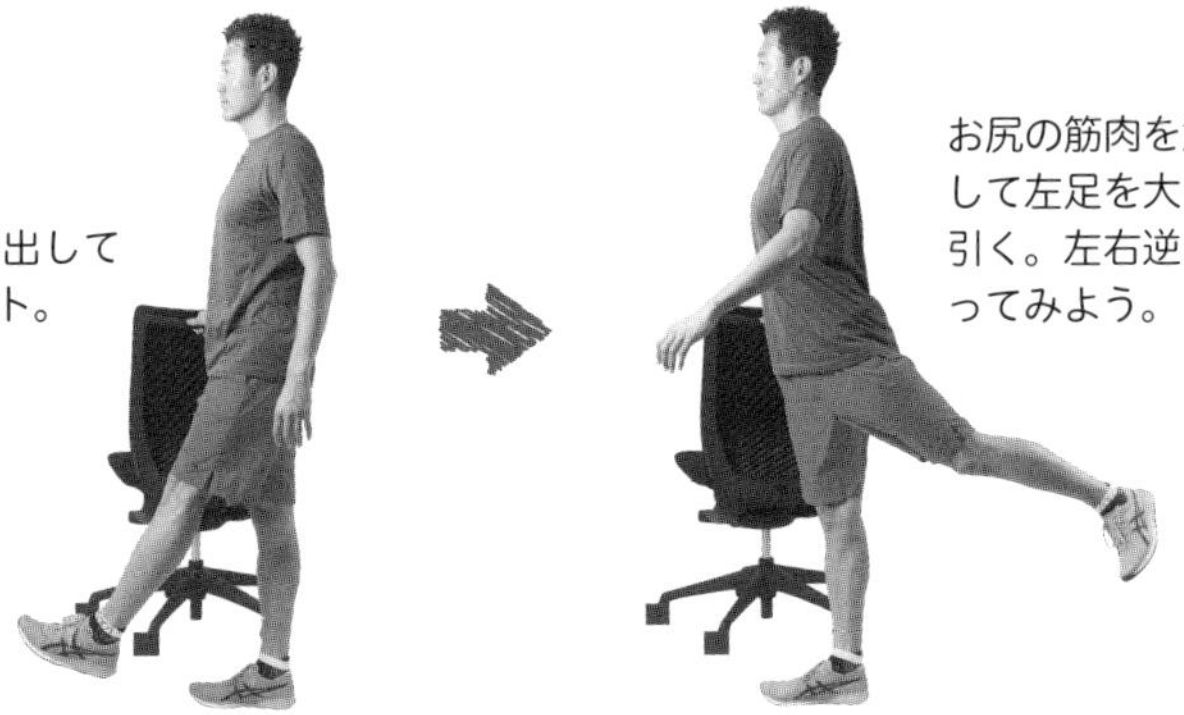

左足を前に出してからスタート。

お尻の筋肉を意識して左足を大きく引く。左右逆もやってみよう。

できるだけ高《たか》く足《あし》を振《ふ》り上《あ》げよう

壁に手をついて行っても OK。下を向かず正面に目線を向けると正しい姿勢が保てる。

✕NG

上半身を反して足を上げても股関節は動かない。

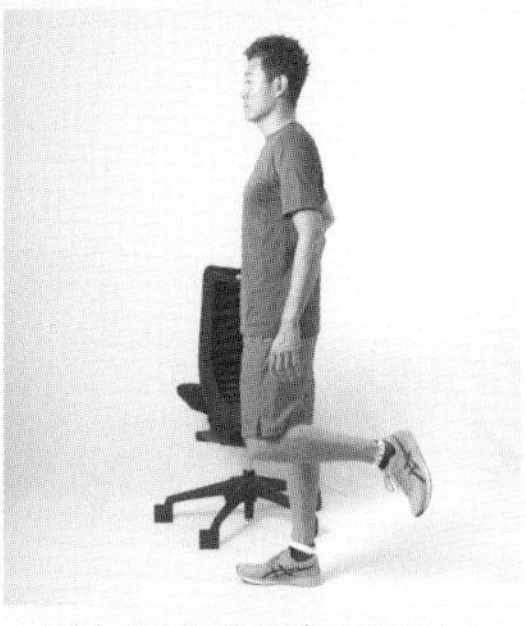

ヒザを曲げてはダメだぞ！

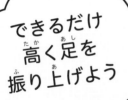

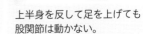

スイッチマン体操

12

股関節《こかんせつ》編《へん》

〈左右各10回〉

足《あし》横《よこ》振《ふ》り上《あ》げ

手すり棒、椅子の背などに両手をおき、片足を大きく左右に振り上げよう。前かがみにならないように注意しながら行う。ここでも股関節を動かせるぞ！

〈1:30〜〉

椅子《いす》の背《せ》に手《て》をおき 足《あし》を左右《さゆう》に振《ふ》り上《あ》げる

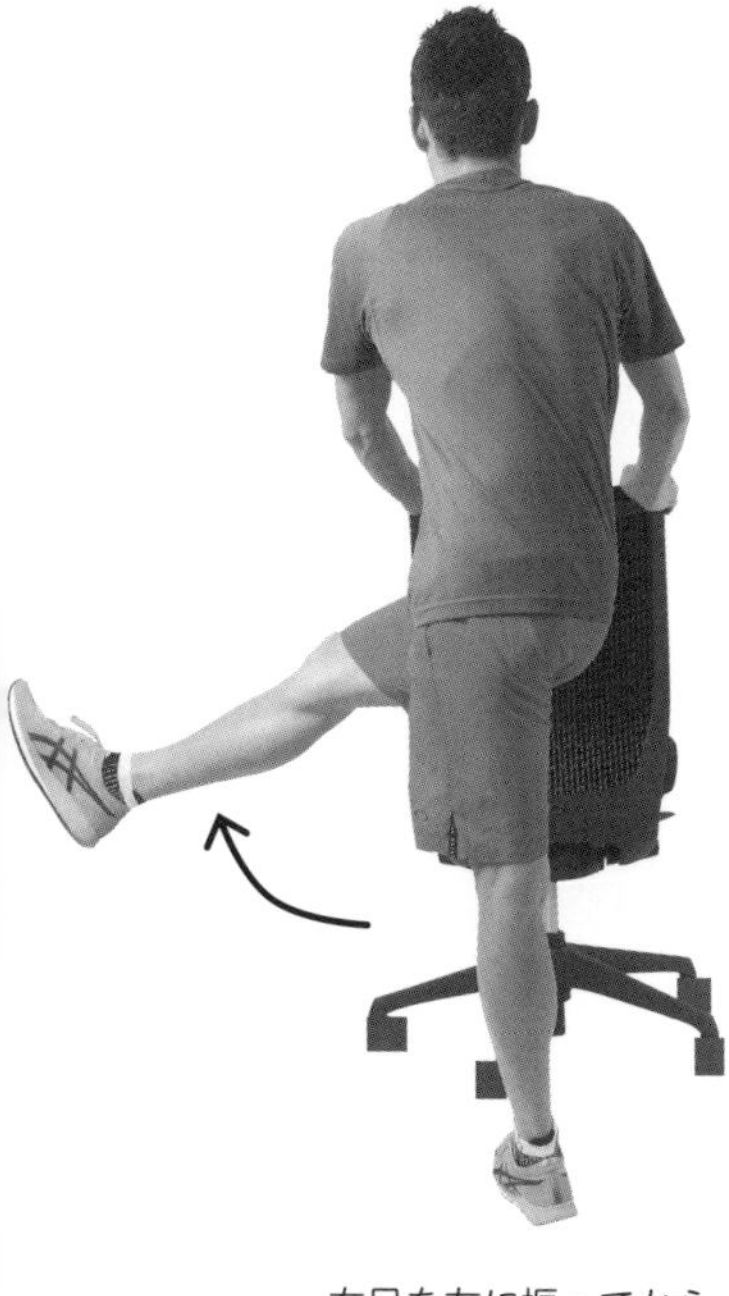

右足を左に振ってからスタート。

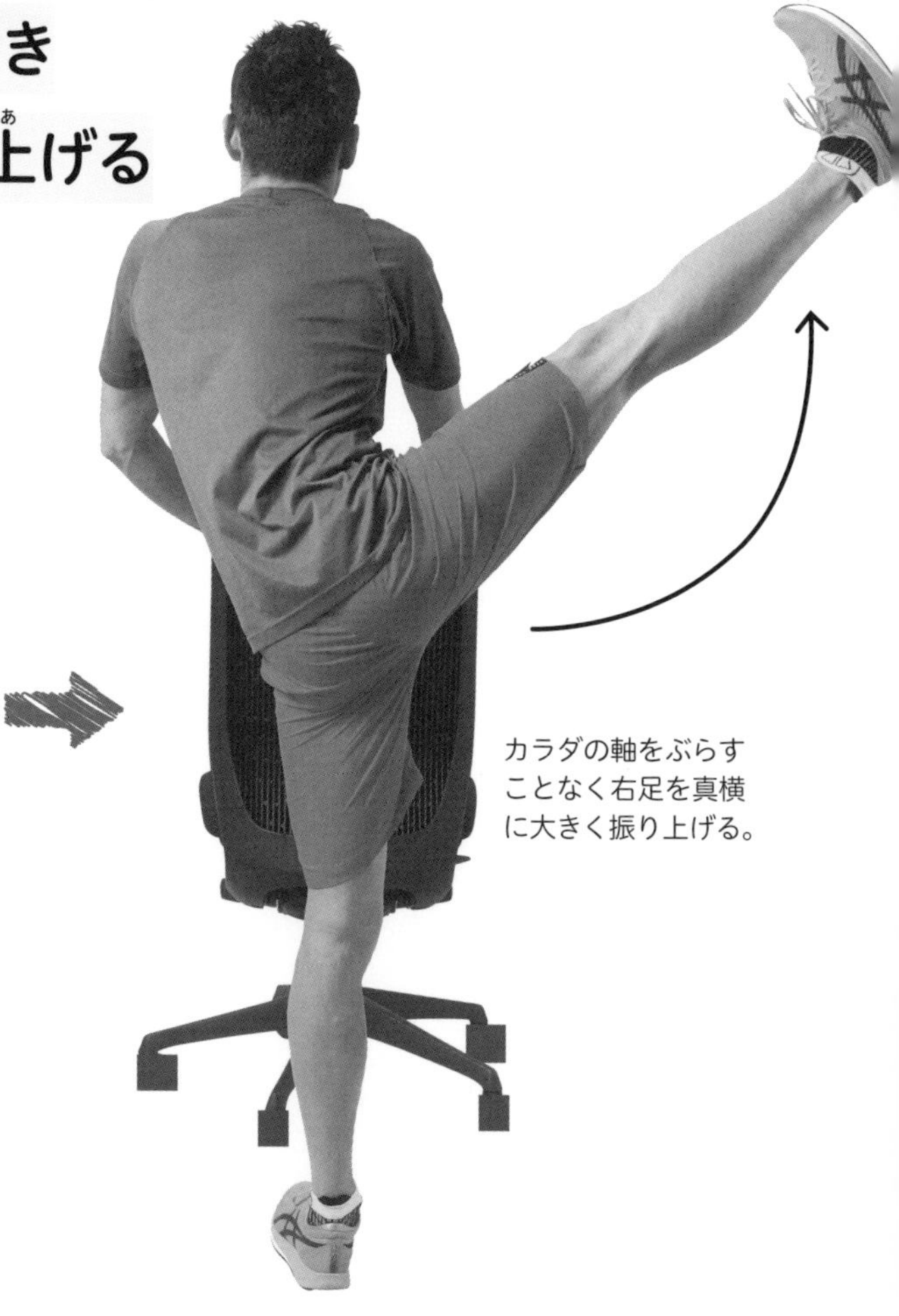

カラダの軸をぶらすことなく右足を真横に大きく振り上げる。

左右逆側《さゆうぎゃくがわ》にも足《あし》を大《おお》きく振《ふ》り上《あ》げてみよう

つま先を上に向けて左足を真横に大きく振り上げる。

カラダのバランスをよくするためにも、片側だけではなく左右両方やってみよう。左足を右に振ってからスタート。

壁《かべ》を使《つか》ってもOK！ 軸《じく》を保《たも》って ダイナミックに動《うご》こう

上半身を左右に傾けることなく、足を真横に大きく振り上げる。しっかりと股関節を動かせるぞ！

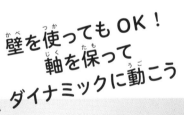

スイッチマン体操

13

股関節編《こかんせつへん》

〈左右各10回〉

股関節《こかんせつ》まわし〈前《ぜん》・後《ご》〉

手すり棒、椅子の背などに片手をおきヒザで円を描くように片足を動かせる。股関節をやわらかくすると同時にお尻の筋肉も鍛えられるぞ！

〈2:25〜〉

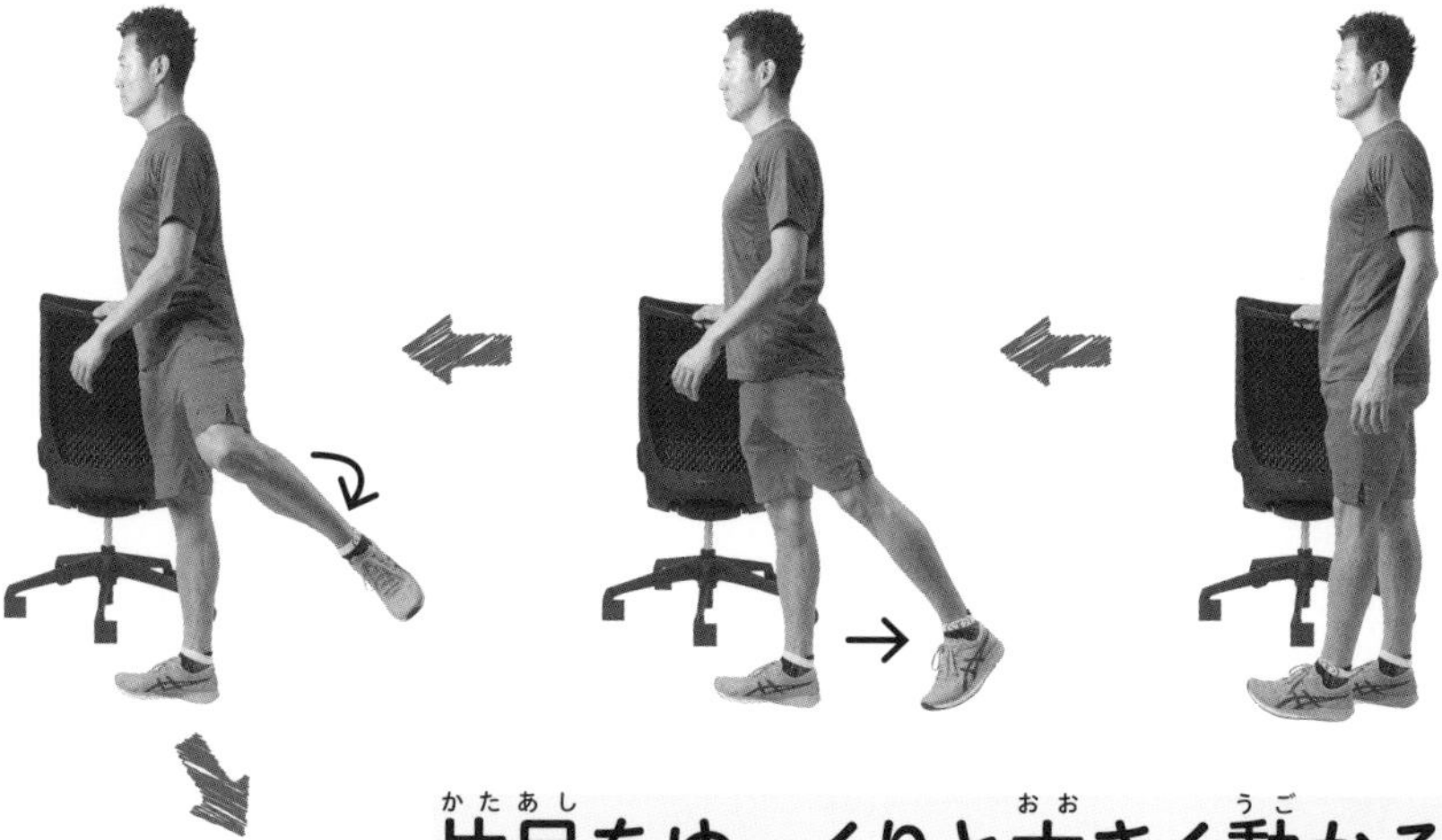

片足《かたあし》をゆっくりと大《おお》きく動《うご》かそう

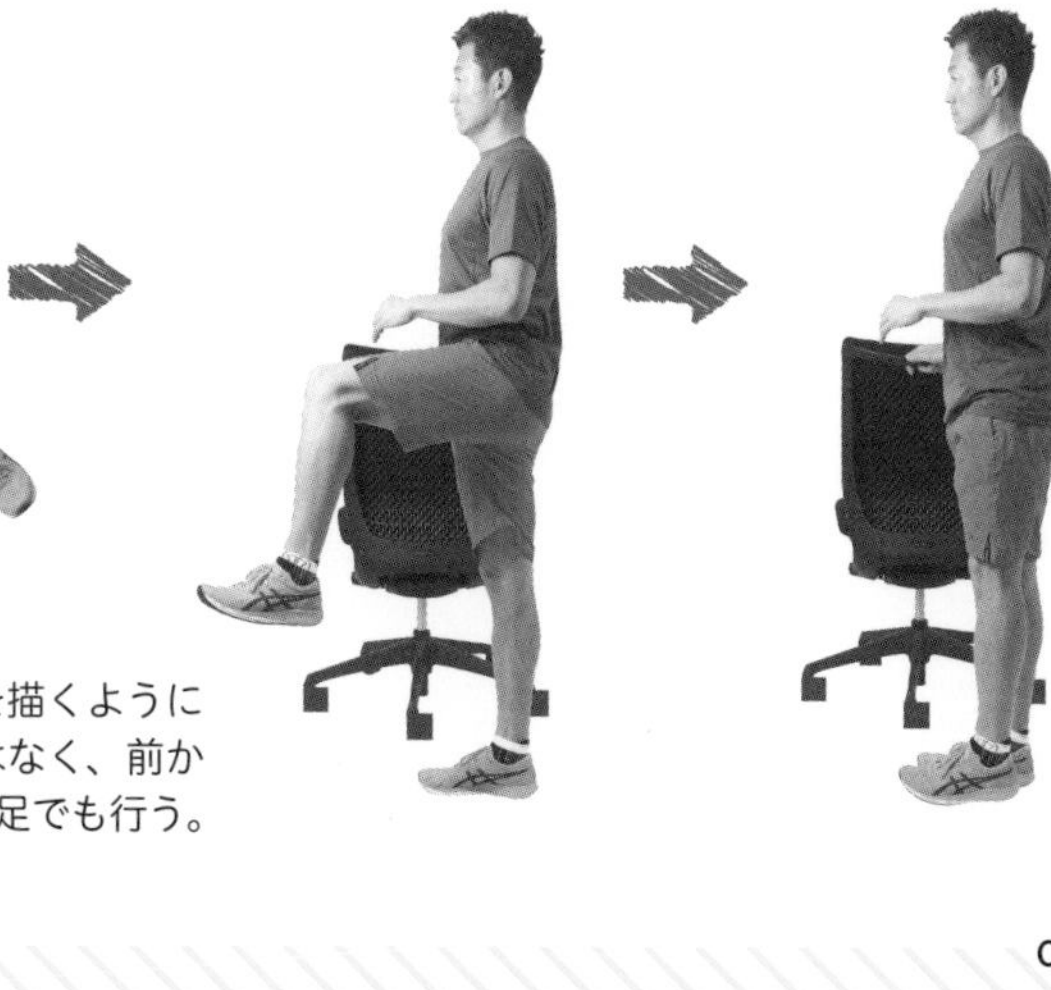

左足を少し前に出してからヒザで円を描くように股関節をまわす。後ろから前だけではなく、前から後ろにもまわしてみよう。左右逆の足でも行う。

前から見ると…

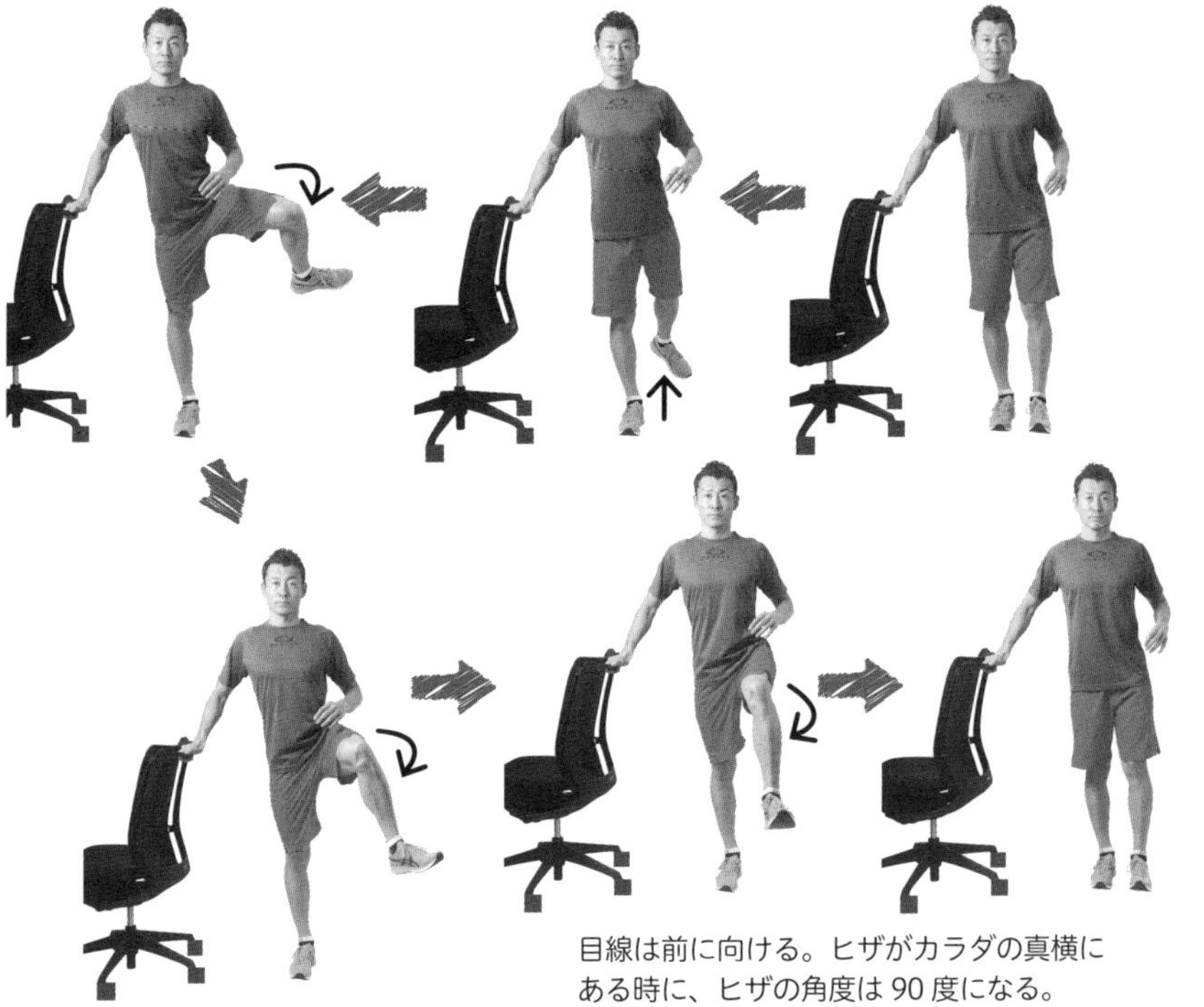

目線は前に向ける。ヒザがカラダの真横にある時に、ヒザの角度は 90 度になる。

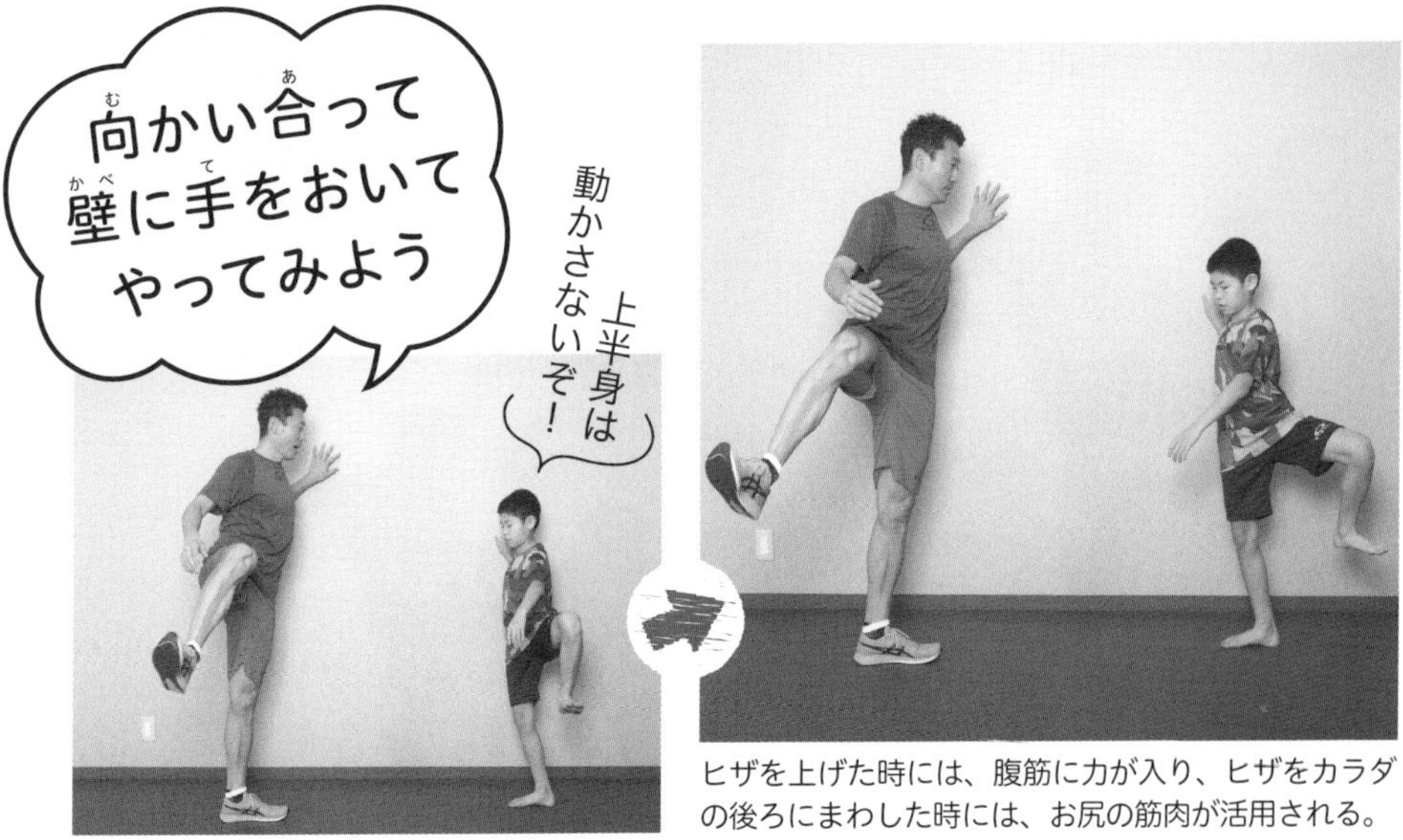

ヒザを上げた時には、腹筋に力が入り、ヒザをカラダの後ろにまわした時には、お尻の筋肉が活用される。

スイッチマン体操

14

股関節《こかんせつ》編《へん》

〈左右各10回〉

足《あし》横《よこ》上《あ》げ

手すり棒、椅子の背などに両手をおき、お尻を突き出す。この姿勢から片足を横へ大きく振り上げる。股関節をやわらかくすると同時に、お尻の筋肉も鍛えられるぞ！

〈3:38～〉

片足《かたあし》を左右《さゆう》に大《おお》きく振《ふ》り上《あ》げる

お尻を突き出し、右足を床からわずかに浮かせたスタート姿勢。

右足を高く振り上げる。お尻に効いていればOK。

この足を下ろす途中でキュッと一度止める。さらにお尻の筋肉に力が入る。

応用編 この姿勢《しせい》を5秒間《びょうかん》キープ！

足を振り上げた姿勢を5秒間キープしてみよう。お尻の筋肉も鍛えられるぞ！　左右逆もやってみよう。

お尻《しり》の筋肉《きんにく》に力《ちから》を込《こ》めよう

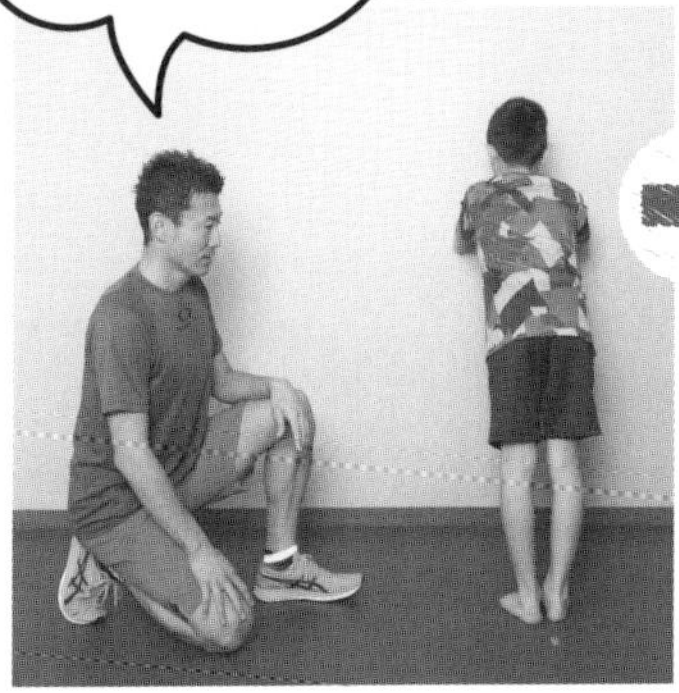

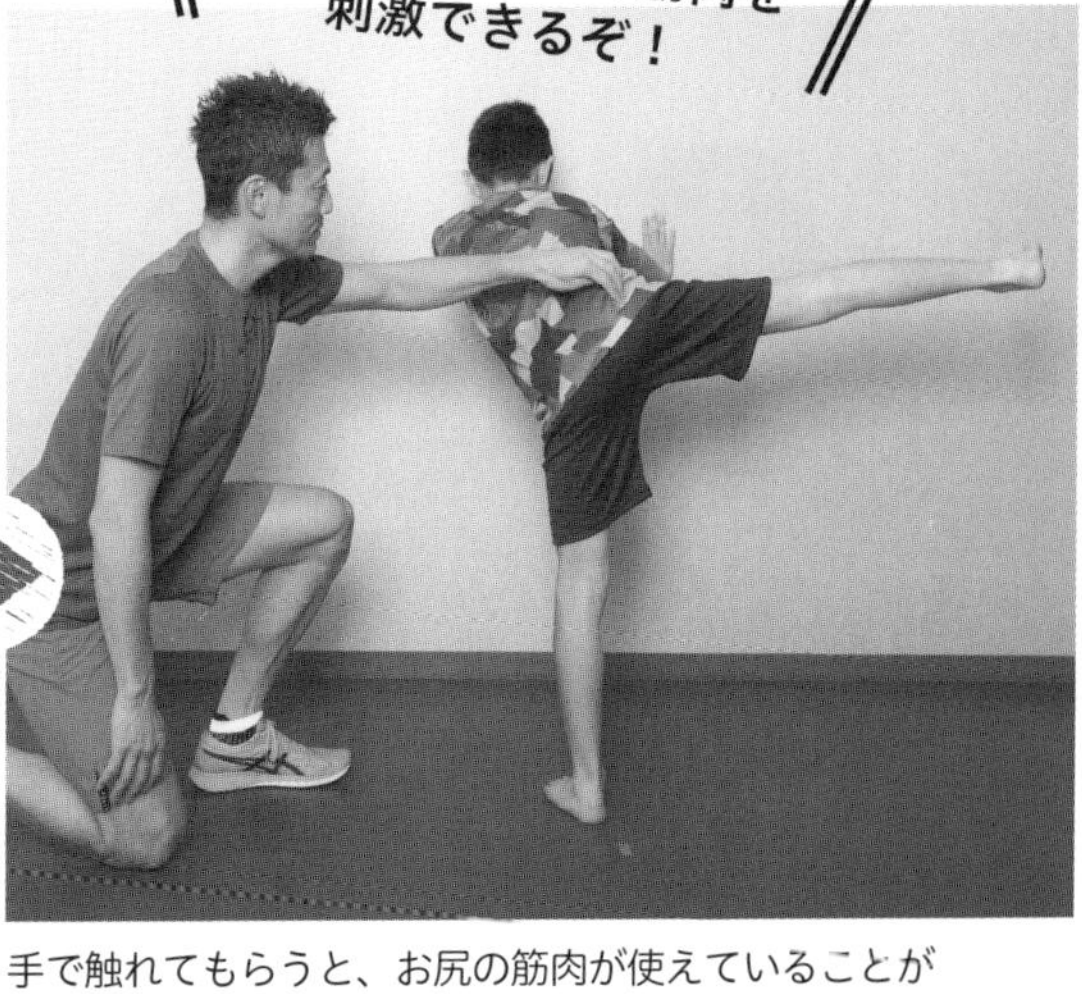

しっかりとお尻の筋肉を刺激できるぞ！

手で触れてもらうと、お尻の筋肉が使えていることが確認しやすい。

スイッチマン体操

15

股関節《こかんせつ》編《へん》

〈左右交互に10回〉

骨盤《こつばん》上《あ》げ

骨盤をつかむように腰に手をあて、この姿勢から腹筋を使って骨盤を左右交互に引き上げる。カラダを左右に傾けるのではなく、まっすぐに立ち骨盤を動かすんだ！

〈5:35〜〉

片側《かたがわ》ずつ骨盤《こつばん》を持《も》ち上《あ》げよう

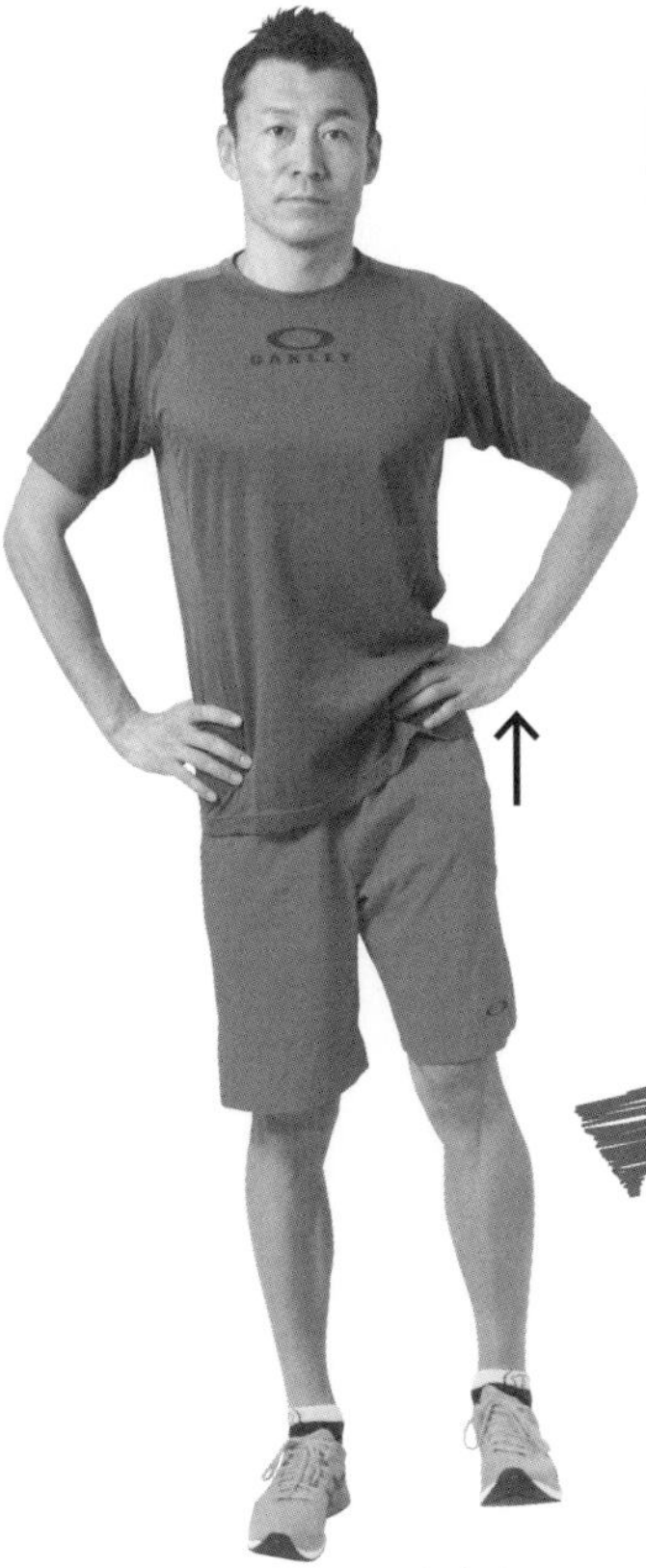

目線を正面に向け骨盤に手をあてたスタート姿勢。

左右交互に、ゆっくりと骨盤を引き上げる。ヒザが曲がらないように注意しよう。

POINT!

軸《じく》を保《たも》ったまま骨盤《こつばん》を上《あ》げよう

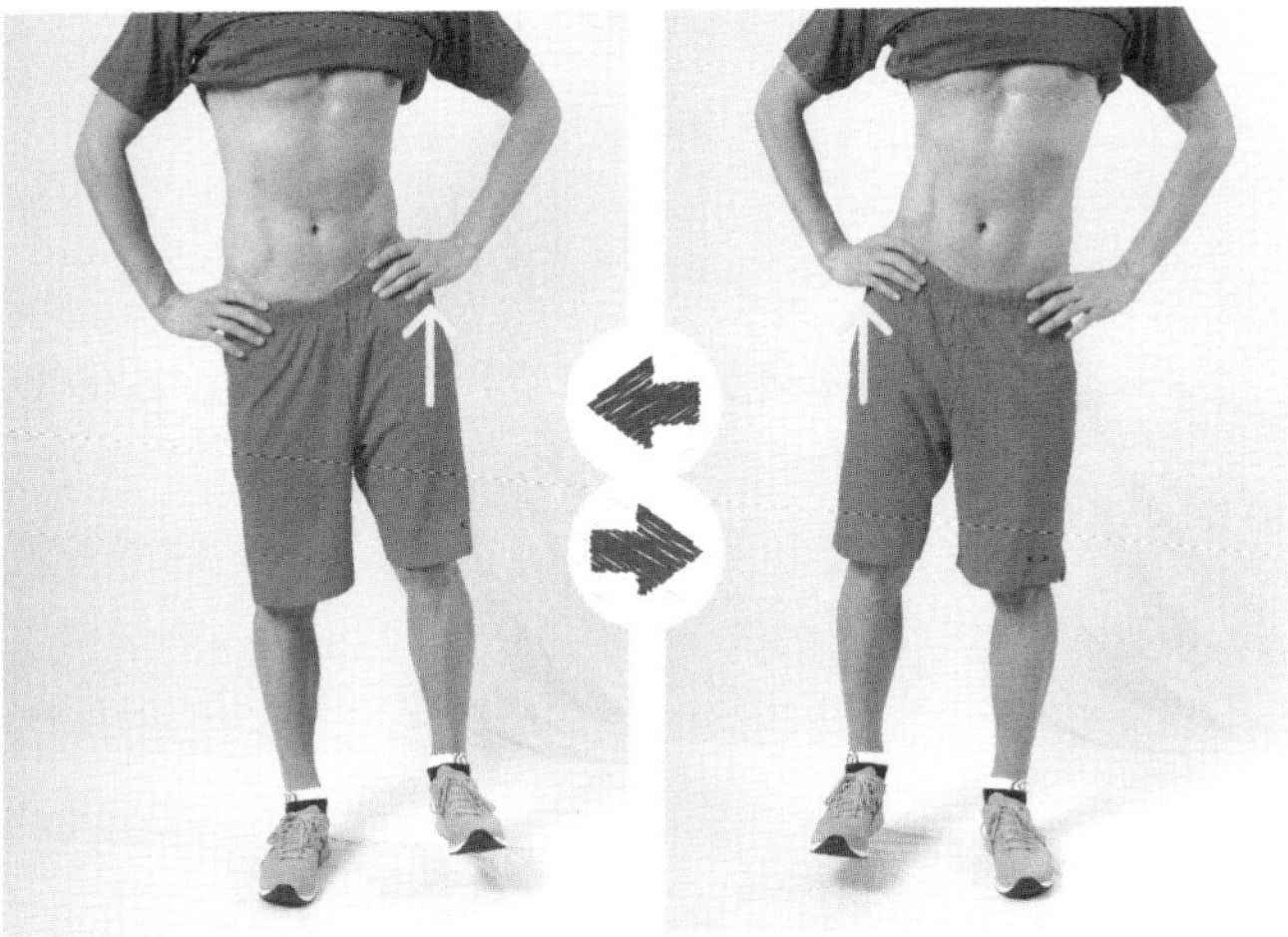

足を上げるのではなく、骨盤を引き上げることで足が上がるイメージでやってみよう。

いいぞ！
目線は正面《しょうめん》に
向《む》けよう

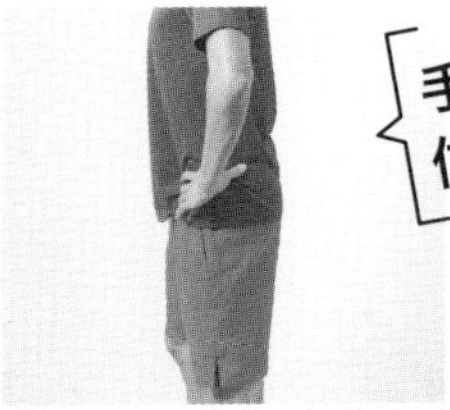

手をあてる
位置はココ！

ただ腰に手をあてるのではなく、骨盤をつかむと意識しやすい。

いいぞ、その調子だ！　骨盤の動きを意識することが大切！

✕
NG

下を向かない！
足を上げるだけではダメ

下を向いて、足だけを上げても骨盤は動かないぞ！

スイッチマン体操

16

股関節編《こかんせつへん》

〈前後・左右交互に10回〉

両腕水平《りょううですいへい》
股関節《こかんせつ》まわし

両腕を左右にまっすぐに伸ばし、片足で立つ。この姿勢から上手にバランスをとりながら片側のヒザで円を描いてみよう。< 13 股関節まわし >のステップアップ・バージョンだ！

〈8:15〜〉

バランスを保《たも》って
片足《かたあし》を大《おお》きくまわす

バランスをとりながら右足をまわしてヒザで円を描く。股関節を動かせるぞ！左右交互にやってみよう。

両腕を左右にまっすぐに伸ばしたスタート姿勢。

目線《めせん》は正面《しょうめん》に向《む》ける！
股関節《こかんせつ》の動《うご》きを意識《いしき》しよう

一歩後ろに引いてから、ヒザで円を描くように左足をまわす。左右交互に、前まわしだけではなく後ろまわしもやってみよう。

いいよ！
もう少《すこ》し肩《かた》の力《ちから》を抜《ぬ》いてみようか

股関節がやわらかくなるだけではなく、バランス感覚もしっかりと養える。

バランスを崩さないように。両腕を床と水平に保つことがポイント。

目的に合わせて、スイッチマン体操に取り組んでみよう！

「運動会での順位を上げたい！」
「もっと身長を伸ばしたい！」
「俊敏に動けるようになりたい！」
「ケガはしたくない！」

子どもたちの願い、また親御さんの思いもさまざまです。54ページからは、目的に合わせてスイッチマン体操に取り組んでいきましょう。

これから紹介するスイッチマン体操も、簡単に短時間でやれてしまうものばかりです。ただ、大人の補助が必要になるものが少しだけあります。

〈20前傾ダッシュ〉と〈21人間ドリブル〉。この2つは、お父さん、お母さんが一緒に行ってあげてください。親子のコミュニケーションをはかる良い機会にもなると思います。

また、もうお気づきの方もいらっしゃるでしょうが、ここで紹介しているスイッチマン体操は大人が行っても十分に効果が得られるものばかりです。特に大人の方にお勧めなのが〈28足首・足指まわし〉から〈31カカトタッチ〉までの4つ。

年齢を重ねるとケガに見舞われる可能性が高くなります。何歳になっても若々しくいたい、また健康を保つためにも、お子さんと一緒に楽しくやってみてはいかがでしょうか。

目的別メニュー

▷速く走れるようになりたい人は…(P.54〜)

(P.54〜)

17 お尻歩き

18 ワニ歩き

19 その場ダッシュ

20 前傾ダッシュ

21 人間ドリブル

▷背を伸ばしたい、姿勢を良くしたい人は…(P.64〜)

22 足首持ち ヒザ伸ばし

23 片手水平 腕足前後振り

24 カニタッチ

25 片足立ち 数字描き

26 飛行機バランス

▷俊敏に動きたい人は…(P.74〜)

27 バッテン・テープ

▷ケガを防ぎたい人は…(P.76〜)

28 足首・足指まわし

29 つま先歩き カカト歩き

30 椅子から 片足立ち

31 カカトタッチ

スイッチマン体操

17

「足《あし》が速《はや》くなる」編《へん》

〈前後各10歩〉

お尻《しり》歩《ある》き

長座（床に腰を下ろし両足をまっすぐ前に伸ばす）姿勢から、両腕を振って、ゆっくりと前へ進んでみよう。骨盤を左右交互に動かしながら行う。

大《おお》きく腕《うで》を振《ふ》って
前《まえ》へ進《すす》んでみよう

床に腰を下ろし、両足を伸ばしたスタート姿勢。

左ヒジを引く。この時、左足が前に出る。

次に右ヒジを引く。この時、右足が前に出てカラダが前進する。

後《うし》ろへも動《うご》いてみよう！

後ろにも動いてみよう。この時は、右ヒジを引くと右足が下がり、左ヒジを引くと左足が下がる。

応用編　両足《りょうあし》を浮《う》かせて前《まえ》へ進《すす》む

両足のカカトを床から浮かせて、お尻歩きをやってみよう。腹筋も強くできるぞ！

できるかぎり上半身を後ろに傾けないようにしよう。大切なのは、しっかりと腕を振ること。

スイッチマン体操

18

「足《あし》が速《はや》くなる」編《へん》

〈10歩〉

ワニ歩《ある》き

両手両足を床につけ、ワニになった気分で歩いてみよう。右手と左足、左手と右足を交互に動かして前に進む。肩甲骨、股関節両方をやわらかく動かせるようになるぞ！

ワニになった気分《きぶん》で両手《りょうて》両足《りょうあし》を左右交互《さゆうこうご》に動《うご》かそう！

右手と左足を同時に動かし前に進む。

ワニ歩き

左手と右足を同時に動かす。遠くに大きく手足を前に出そう。前に10歩。

正面から見ると…

応用編

クモ歩《ある》きもやってみよう！

クモ歩き

仰向けになり、両手両足でカラダを支え前・後ろ・斜めに動く。クモになった気分でやってみよう。ここでも右手と左足、左手と右足を同時に動かすぞ！

腹筋《ふっきん》に力《ちから》を込《こ》めよう

そう！　しっかりと腰を落とさず動いてみよう。

横から見ると…

◎ OK

腹筋にしっかりと力が込められている。

× NG

腰を落としてはダメだぞ！

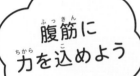

スイッチマン体操

19

「足《あし》が速《はや》くなる」編《へん》

〈10秒ゆっくり →10秒速く →10秒超速く！〉

その場《ば》ダッシュ

実際に走るのではなく、その場で足を素早く動かしてみよう。まずは10秒ゆっくりと動き、次の10秒は速く。そしてラスト10秒は全力スパート！

ラストは全力ダッシュだ！

その場《ば》で足《あし》を素早《すばや》く動《うご》かす

「イッチ、ニ」で動くのではない。「ダダダダダダダダ！」のイメージでやるぞ！

一番大切なのは腕を速く振ること。腕を速く動かせば、足も速く動く！

ゆっくり→速《はや》く→超《ちょう》ダッシュ！

最初の 10 秒はゆっくりと。

次の 10 秒は速く動く。

ラスト 10 秒は全力疾走だ！

みんなでやると
さらに
頑張《がんば》れるぞ！

友だちと一緒にやるのも楽しいぞ！　どっちが速く、長くもがけるか競争してみよう。

ダ、ダ、ダ、ダ、
ダ、ダ、ダ、ダ…

スイッチマン体操

20

「足《あし》が速《はや》くなる」編《へん》

〈30回〉

前傾《ぜんけい》ダッシュ

大人に後ろから腰をおさえてもらい前へ前へとダッシュ。最初に上半身を前に倒して、そのまま走り出してみよう。引かれる力に負けずに全力疾走だ！

カラダを前傾させたスタート姿勢。

おさえられながら全力疾走《ぜんりょくしっそう》だ！

目線はまっすぐ前に向け、腕も大きく振って全力で走るぞ！　外で行う際には、最後に大人に手をはなしてもらい、そのまま駆けてみよう。

POINT!

前傾《ぜんけい》姿勢《しせい》からスタート！

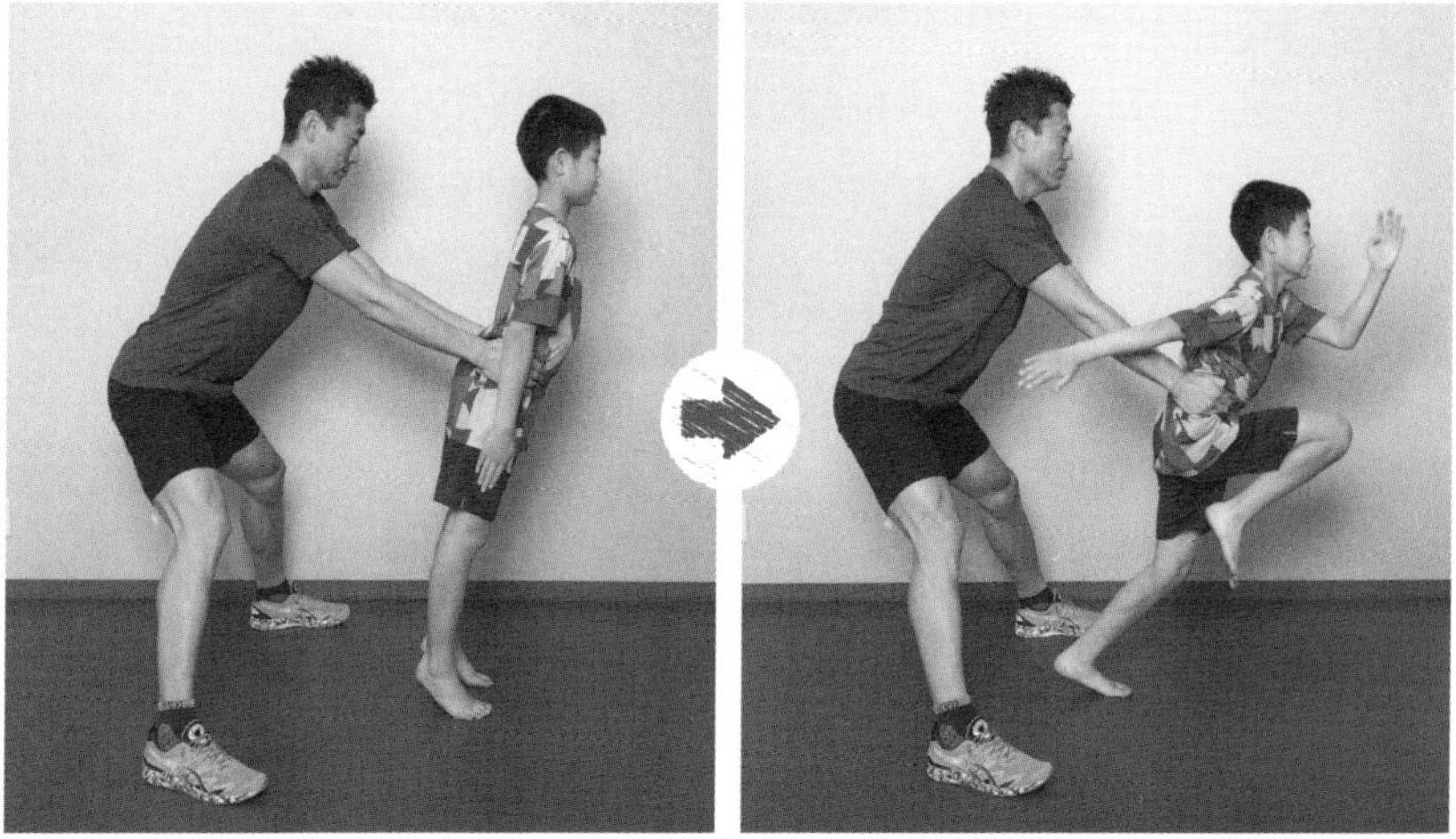

カラダを前傾させてから走り始める。これを繰り返し行うことで、走る際に必要な前傾姿勢も身につく。

しっかりと腰《こし》を
おさえてあげよう
大人にとっても
トレーニング！？

大人は腹筋に力を込めて踏ん張り、しっかりとおさえてあげよう。子どもの勢いに負けるな！

下を向いてはいけない！

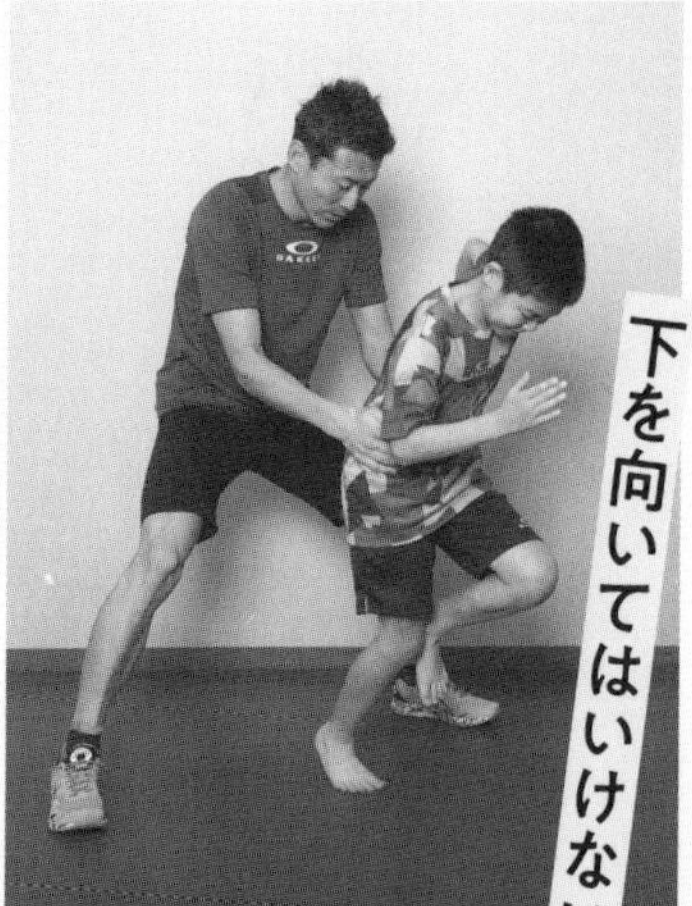

下を向いてしまっては、
効率よく前へ進めない。

スイッチマン体操

21

「足《あし》が速《はや》くなる」編《へん》

〈20回〉

人間ドリブル

大人に後ろから両肩をおさえてもらい、ドリブルされるように小刻みなジャンプを繰り返し行う。速く走るためには上手に弾むことが、とっても大切。カラダのバネを養っていこう。

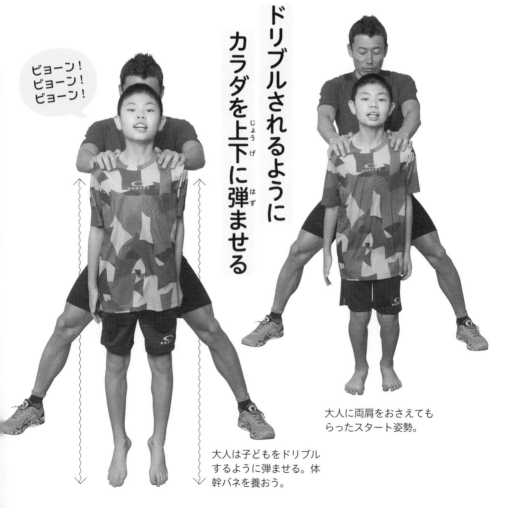

ドリブルされるように カラダを上下《じょうげ》に弾《はず》ませる

大人は子どもをドリブルするように弾ませる。体幹バネを養おう。

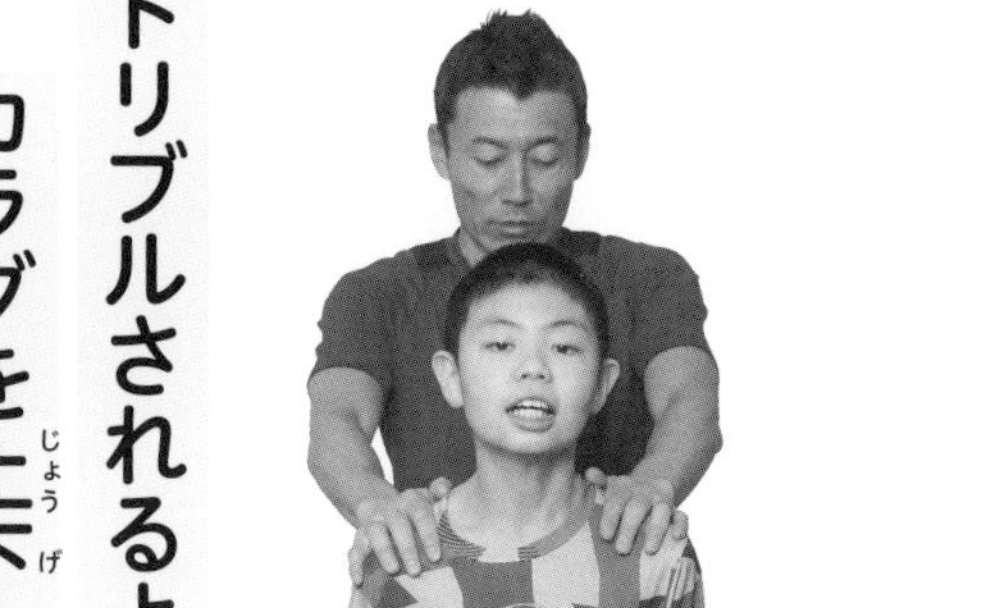

大人に両肩をおさえてもらったスタート姿勢。

横から見ると…

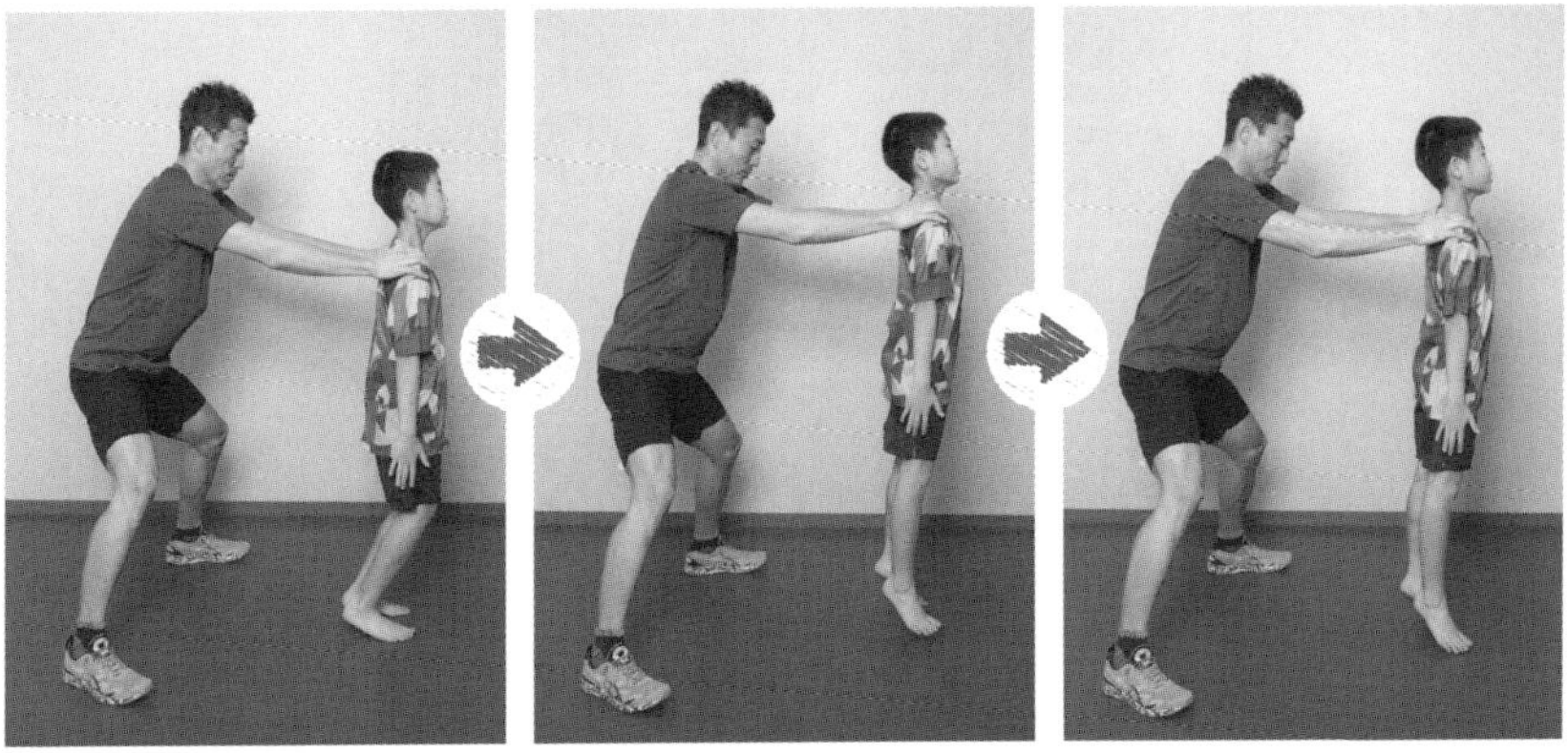

バネになった気持ちで心地よく弾み続けよう。

思《おも》いっきり
弾《はず》もう！
カラダにバネを
つくろう！

上手に弾むことをカラダがおぼえると、一気に足が速くなるぞ！

できるだけヒザは曲げないように！

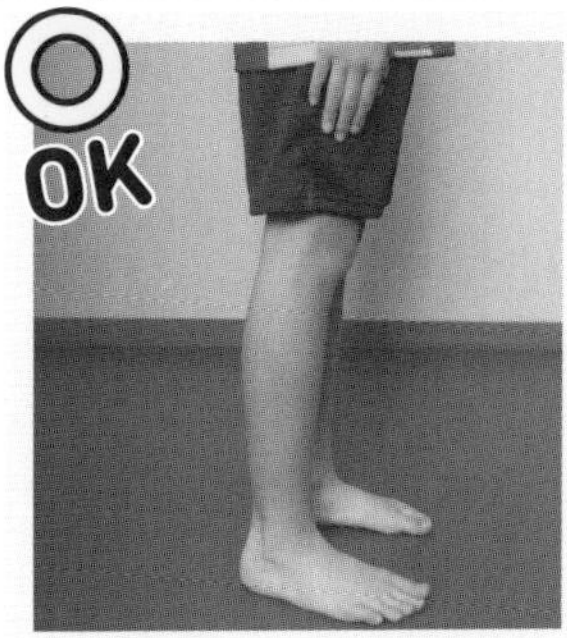

ヒザはできるだけ曲げないようにしよう。

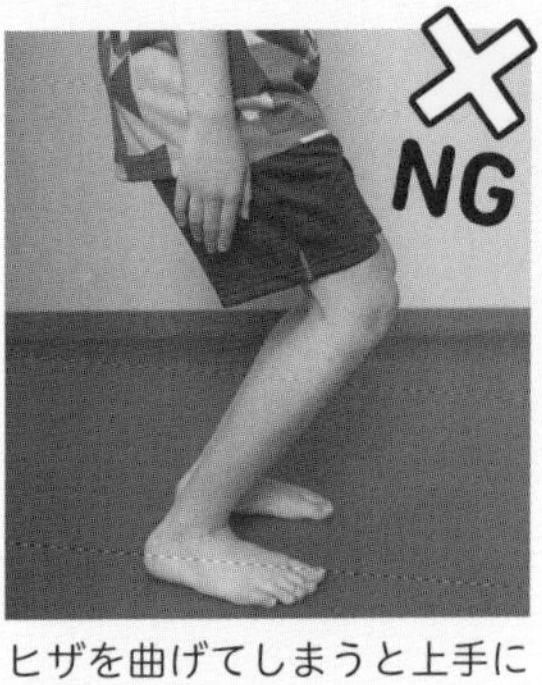

ヒザを曲げてしまうと上手に弾むことができない。

スイッチマン体操

22

「背《せ》が伸《の》びる
姿勢《しせい》がよくなる」編《へん》

〈10秒×5回〉

足《あし》首《くび》持《も》ち
ヒザ伸《の》ばし

しゃがんだ姿勢で足首を持ち、ヒザを伸ばしながらお尻を上げる。この姿勢をキープすることで、太ももの裏側をしっかりと伸ばせるぞ！

太《ふと》ももの裏側《うらがわ》を意識《いしき》！

できるところまで！

胸から前ももがはなれないように、ヒザを伸ばしてお尻を上げていく。上げ切った姿勢を 10 秒キープ。

しゃがんで、足首を両手でギュッとにぎったスタート姿勢。

POINT!

もも裏《うら》に伸《の》びを感《かん》じよう

後ろから見ると…

太ももの裏側がおどろくくらいに伸びるぞ！

前から見ると…

頭の位置はスタート姿勢と変わっていない。

できるだけ高くお尻を上げるぞ！　頭は上げない！

ヒジを伸ばして起き上がり、胸から前ももがはなれてしまうと太ももの裏側に伸びが感じられない。

スイッチマン体操

23

「背《せ》が伸《の》びる
姿勢《しせい》がよくなる」編《へん》

〈左右各10回〉

片手水平《かたてすいへい》
腕足前後振《うであしぜんごふ》り

片腕を床と水平にして伸ばし、バランスをとりながら片足を高く振り上げる。目線を正面に向けて背中を丸めずにやってみよう。片足、片腕を前と後ろに大きく動かすぞ！

〈2:57～〉

左足を高く振り上げ、つま先を下ろした右手にタッチ！左右逆もやってみよう。

バランスを保《たも》って
足《あし》を高《たか》く振《ふ》り上《あ》げる

右腕をななめ45度、左腕は真横に伸ばし、左足を少し後ろに引いたスタート姿勢。

POINT!

腕《うで》と足《あし》を後《うし》ろへしっかり引《ひ》こう

横から見ると…

片足のつま先を手にタッチさせた時、背中のラインはまっすぐになっている。

連続して行う。つま先と手をタッチさせた後は、片腕、片足をしっかりと後ろに引こう。

片腕は床に平行にして、足を振り上げよう。

下を向いてしまうとバランスをくずすので注意しよう。しっかりと腹筋に力を込めて行う。

スイッチマン体操

24

「背《せ》が伸《の》びる
姿勢《しせい》がよくなる」編《へん》

〈左右交互に10回〉

カニタッチ

右足、左足を交互に上げてヒザをヒジにタッチさせる。カニになった気分で「カニッ！　カニッ！　カニッ！　カニッ！」と声を出しながら楽しくやってみよう。

〈2:20～〉

足幅を広くして立ち、両手でＶサインをつくったスタート姿勢。

カニッ！ カニッ！
カニッ！

右ヒザを真横に上げて右ヒジにタッチ！　これを連続して行う。笑顔でやってみよう。

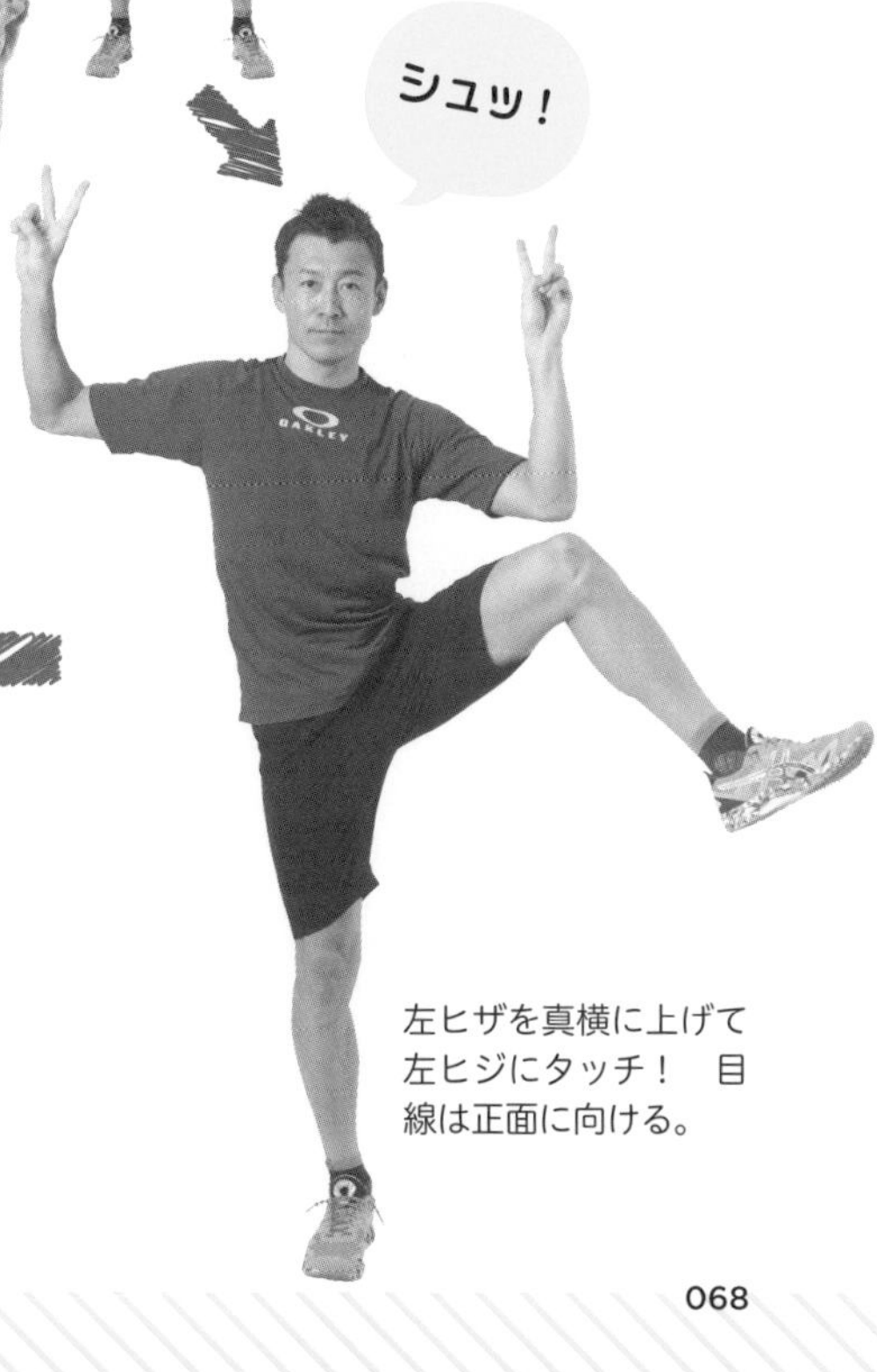

左ヒザを真横に上げて左ヒジにタッチ！　目線は正面に向ける。

POINT!

カラダの軸《じく》はしっかりと！

背中のラインはまっすぐにしたまま「カニタッチ」を繰り返すことで姿勢がよくなる。

カニッ！ カニッ！
リズミカルに
やってみよう

カニになったつもりで楽しく動くぞ。笑顔！　笑顔！

NG

背中を丸めてヒジを下げすぎてはダメ！　前を向いて、ヒザを真横に上げよう。

スイッチマン体操

25

「背《せ》が伸《の》びる
姿勢《しせい》がよくなる」編《へん》

〈左右各10回〉

片《かた》足《あし》立《だ》ち数字《すうじ》描《か》き

片足立ちをし、宙に浮かせた足のつま先で数字を描いてみよう。バランスをとりながら片足をペン先のように動かす。1から10まで描けたら合格だ！

片足《かたあし》のつま先《さき》で
好《す》きな数字《すうじ》を描《か》こう！

左足で立って右足を自由にあやつれれば、カラダの軸が出来上がる。左右逆もやってみよう。

両手を腰にあて右足で立つ。左足のつま先で好きな数字から描く。

POINT!

まっすぐに立《た》って足先《あしさき》を動《うご》かす

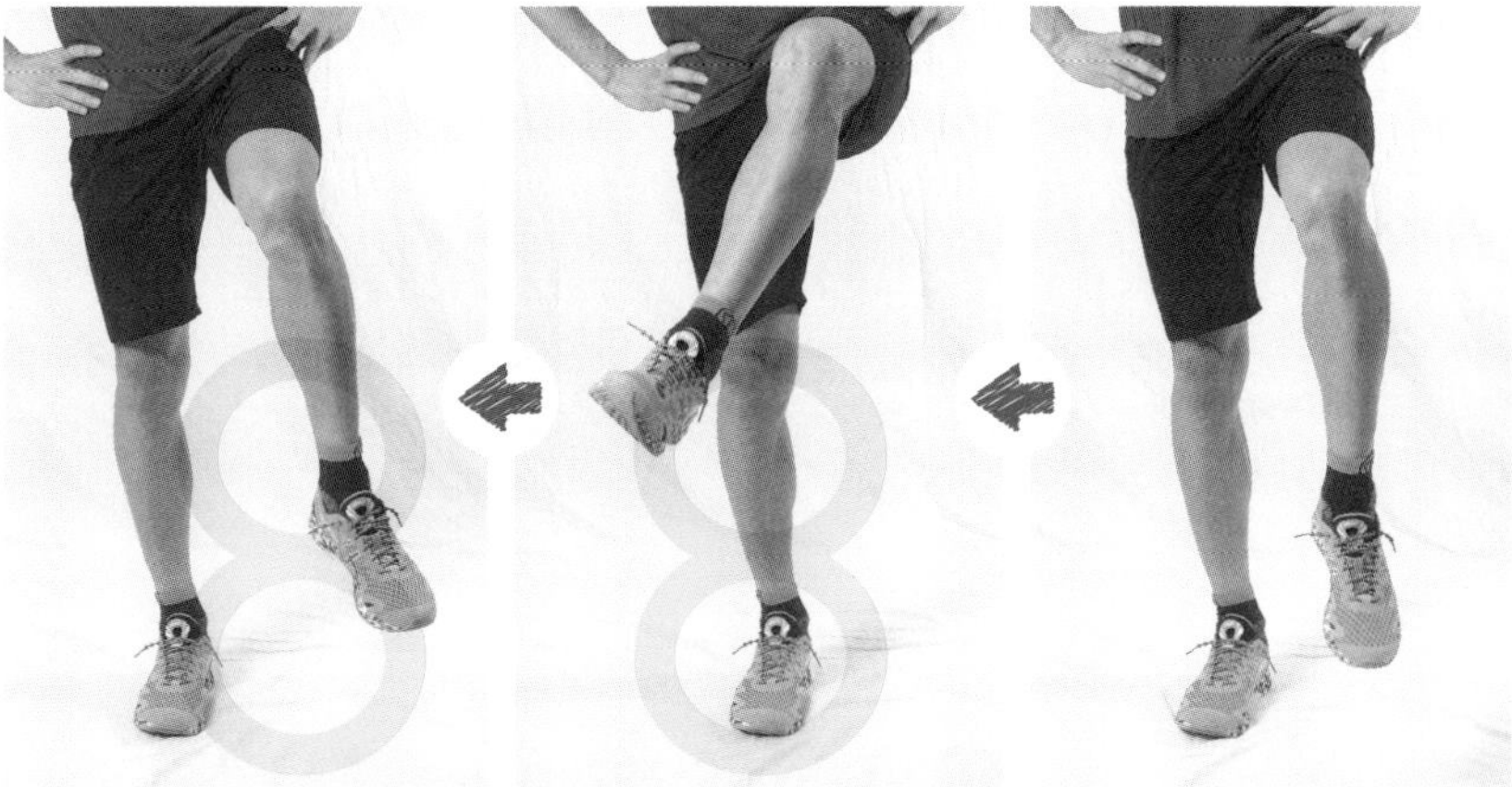

「1」から「10」まで数字を順番につま先で描いていこう。

楽しく続けているうちに体幹が鍛えられ姿勢がよくなる。

まずは片足立ちで、しっかりとバランスをとることが大切。腹筋に力を入れると上手に立てるぞ！

スイッチマン体操

26

「背《せ》が伸《の》びる
姿勢《しせい》がよくなる」編《へん》

〈左右各5秒×5回〉

飛行機《ひこうき》バランス

よし、次は空を飛ぶぞ！　飛行機になってみよう。片足で立ち、両腕を翼のように広げた姿勢をキープ。バランス感覚が養えると同時にカラダの背面も鍛えられる。

片足《かたあし》で立《た》って「T字《じ》姿勢《しせい》」をキープ

右足で立ち上半身を前に傾け、
左足は後ろへまっすぐに伸ばす。
左右逆もやってみよう。

POINT!

目線《めせん》を正面《しょうめん》に！つま先《さき》に体重《たいじゅう》をのせる

目線を正面に向けてヒコーキ姿勢をキープ。両腕をしっかり伸ばしてバランスをとろう。

両腕を左右にまっすぐに伸ばしたスタート姿勢。

両腕《りょううで》を
まっすぐ伸《の》ばすと
バランスを
とりやすいよ

いいぞ、その調子だ！　ヒコーキ〜。

NG

ヒザを曲げてしまうとトレーニングの効果が得られない。

スイッチマン体操

27

「俊敏性《しゅんびんせい》を高《たか》める」編《へん》

〈20〜50回〉

バッテン・テープ

せまいスペースでもできてしまう俊敏性を養うトレーニングだ！　床にテープをはって目印をつくり、小刻みにジャンプ！　〈前後10回→左右10回→前後左右10回〉から始めよう。

小《こ》刻《きざ》みにステップを踏《ふ》む

床にテープをはり、その一角にまっすぐ立ったスタート姿勢。

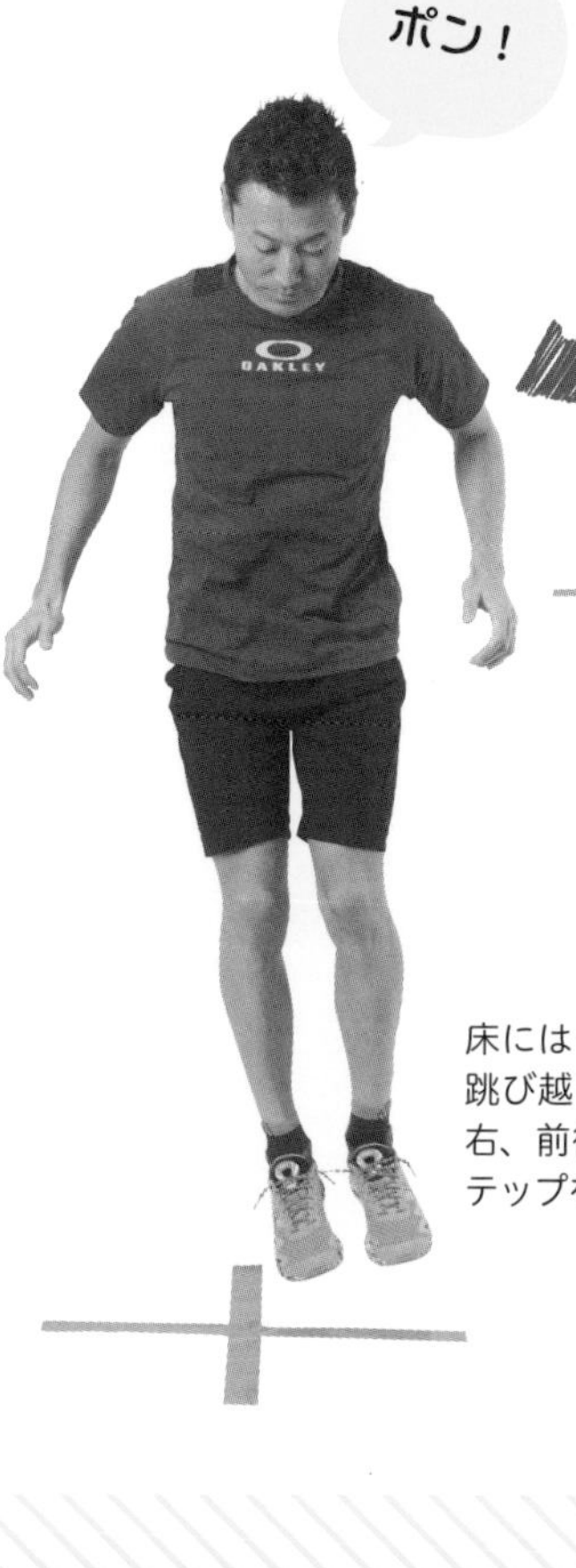

床にはったテープを跳び越しながら、左右、前後に両足でステップを踏む。

「ポン！ポン！ポン！」といった感じで軽快に足を動かしてみよう。

応用編

上手《じょうず》にバランスをとって片足《かたあし》でもやってみよう！

両足で軽快にステップできるようになったら、片足でもやってみよう。
右足立ち、左足立ち両方をバランスよく行うぞ！

「右！」「前！」「斜め！」と言葉をかけてもらうと反応能力もみがける！

POINT!

床《ゆか》にはったテープを目印《めじるし》に！

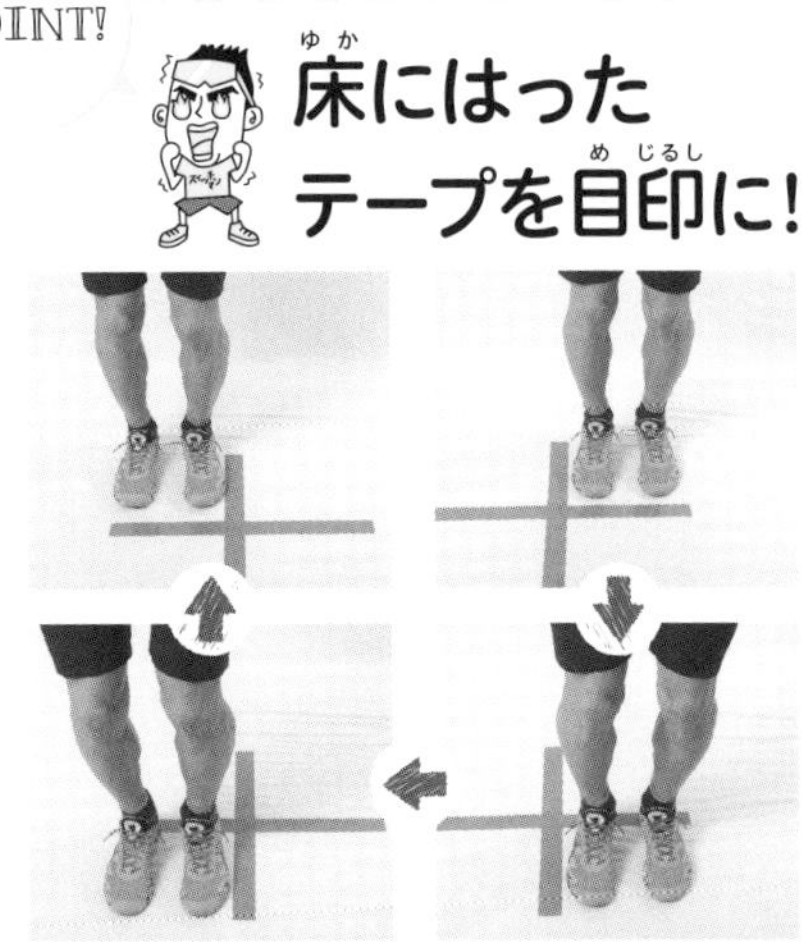

「前→左→後ろ→右」の順を基本にして、「左→斜め→後ろ→右」などさまざまな方向に動いてみよう。

スイッチマン体操

28

ケガ予防編《よぼうへん》

〈左右、順逆各10回〉

足首《あしくび》・足指《あしゆび》まわし

思いっきり運動をしたい、足も速くなりたい、健康でいたい。そのためには、日ごろのケガ予防も大切だ。楽しく動いて、ケガをしにくいカラダを目指そう！　ねんざ予防に効果大！

手《て》と足《あし》の指《ゆび》をからめて しっかりとまわそう！

床に座り左手で左足首を持ち、右手と左足の指をからめる。

右手で足先をグルグルとまわす。左右逆もやってみよう。

POINT!

手《て》の指《ゆび》と足《あし》の指《ゆび》を密着《みっちゃく》させよう

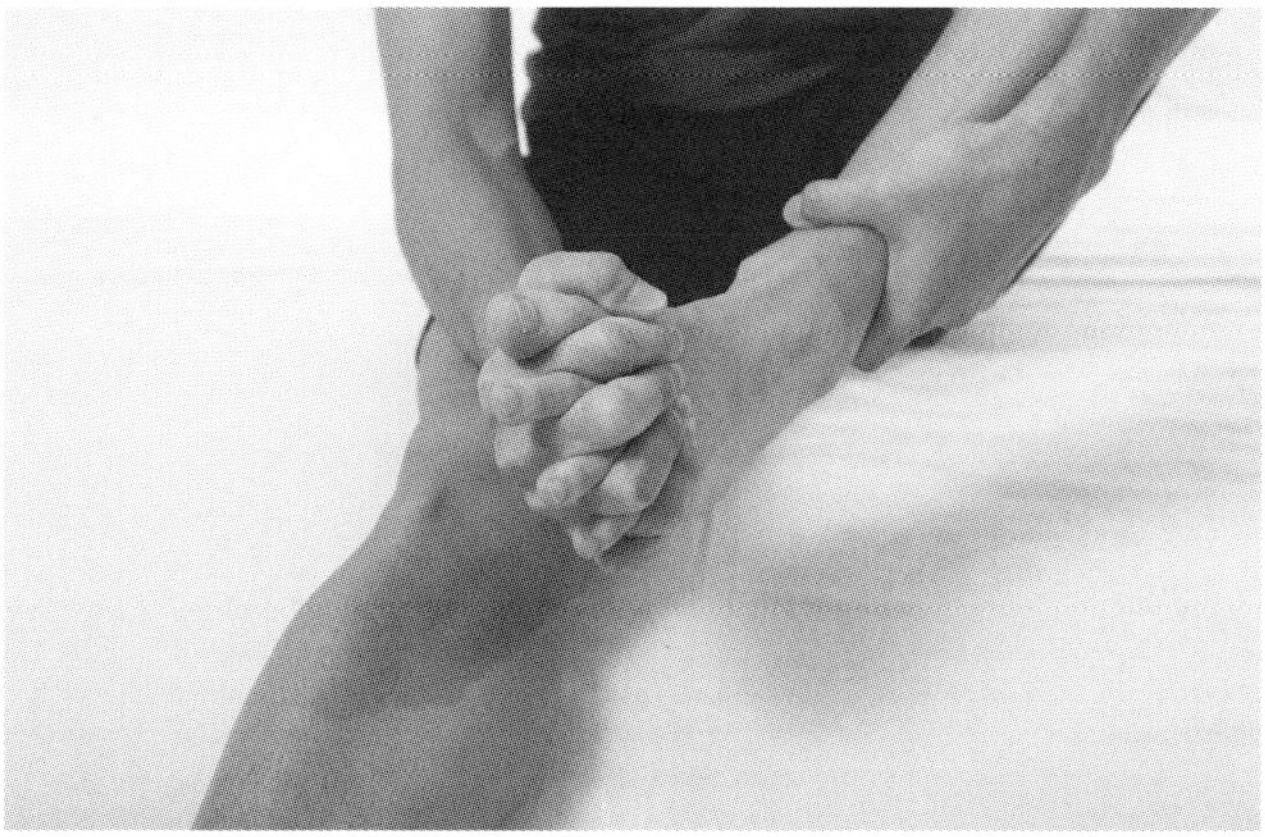

写真のように足指を大きく開き、そこに手の指をしっかりとからめる。

そんなに強《つよ》く
ひねらなくても
大丈夫《だいじょうぶ》！

強くひねる必要はない。肩の力を抜いてリラックスしてやってみよう。

そう！ 笑顔《えがお》で
リラックスして
やってみよう

そう！　笑顔だ、笑顔！リラックスして行ってこそ効果が得られる。

スイッチマン体操

29

ケガ予防編《よぼうへん》

〈各10歩〉

つま先歩《さきある》き
カカト歩《ある》き

つま先やカカトだけを、床につけて歩く。日ごろからこの動きをやっておくだけで、ねんざも防げるぞ！　家の中で、気がついた時にやってみよう。

カカトを上《あ》げて歩《ある》いてみよう

目線は正面に向ける。ピッ！ピッ！ピッ！とリズミカルに動こう。

カカトを床から浮かせて、つま先だけで歩く。腕も振ってみよう。

外足《そとあし》で歩《ある》こう

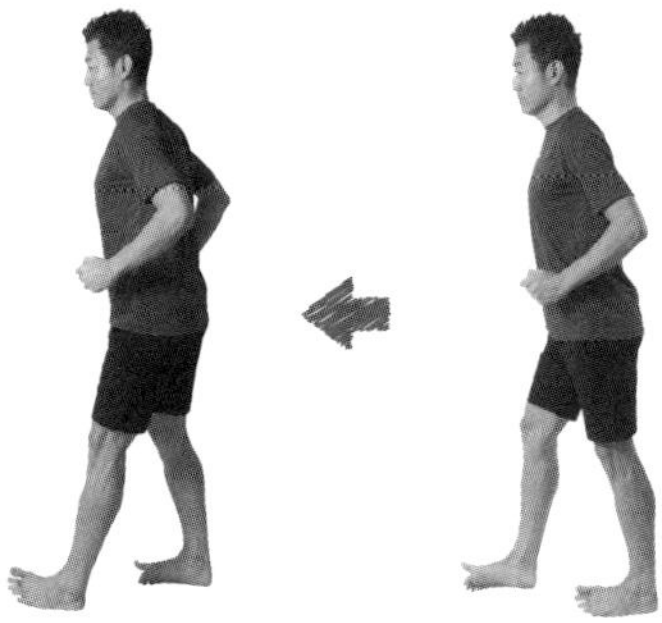

足裏の外側だけを床につけて歩く。はだしで行うことで、足裏の感覚もみがかれる。

カカトで歩《ある》こう

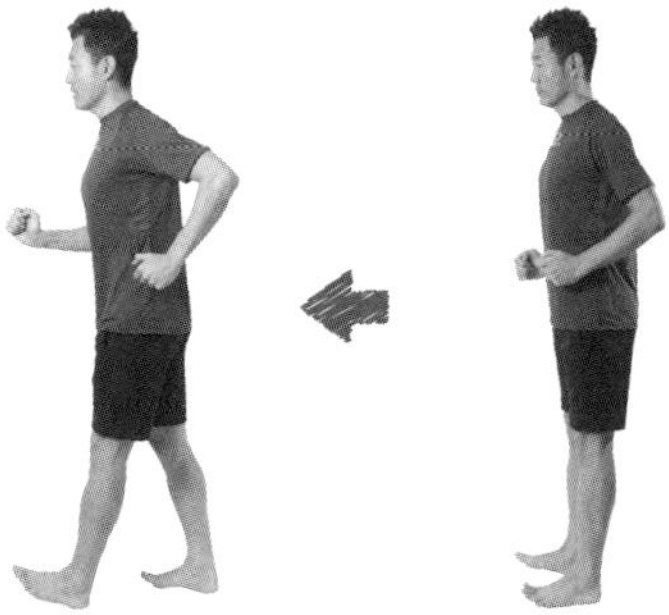

つま先を床から浮かせて、カカトだけで歩く。しっかりとヒジを引きながら！

その場《ば》足《あし》踏《ぶ》み
でもOK！
ねんざも防《ふせ》げるよ

部屋の中で足踏みをするだけでも大丈夫！　腕も振りながらリズミカルにやってみよう。

クローズアップ

つま先歩き

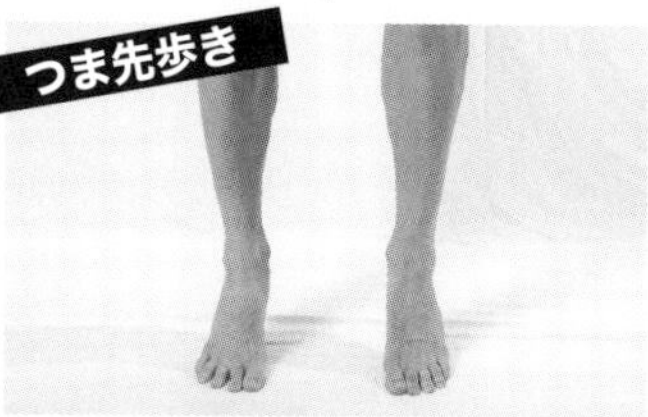

親指あたりに重心がのるイメージで！

カカト歩き

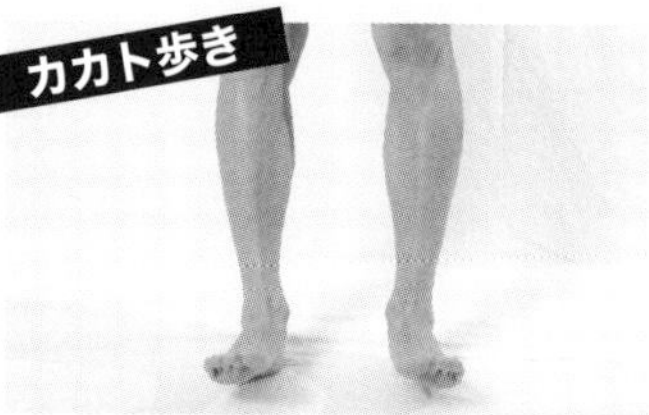

つま先を浮かせるとカカトで立てる。

外足歩き

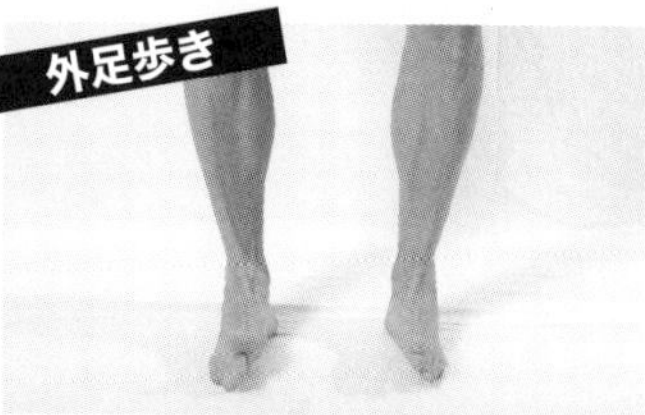

足裏の内側を床から浮かせる。

スイッチマン体操

30

ケガ予防編《よぼうへん》

〈左右各10回〉

椅子《いす》から片足立《かたあしだ》ち

片足で椅子から立ち上がってみよう。簡単そうに見えるが、意外にできない子が多いんだ！腹筋が鍛えられると同時に、ヒザのケガを予防できる。成長痛予防にも効果あり！

片方《かたほう》の足《あし》を伸《の》ばし、そのまま立《た》ち上《あ》がる

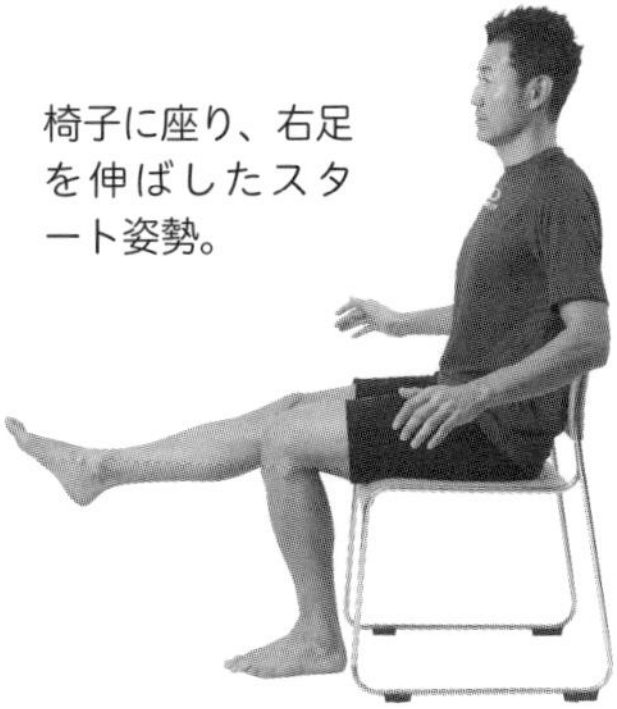

椅子に座り、右足を伸ばしたスタート姿勢。

両腕を広げバランスをとりながら、ゆっくりと立ち上がってみよう。

立ち上がったら、その姿勢をキープ。左右逆もやってみよう。

応用編

立《た》っている状態《じょうたい》から 椅子《いす》に座《すわ》ってみよう

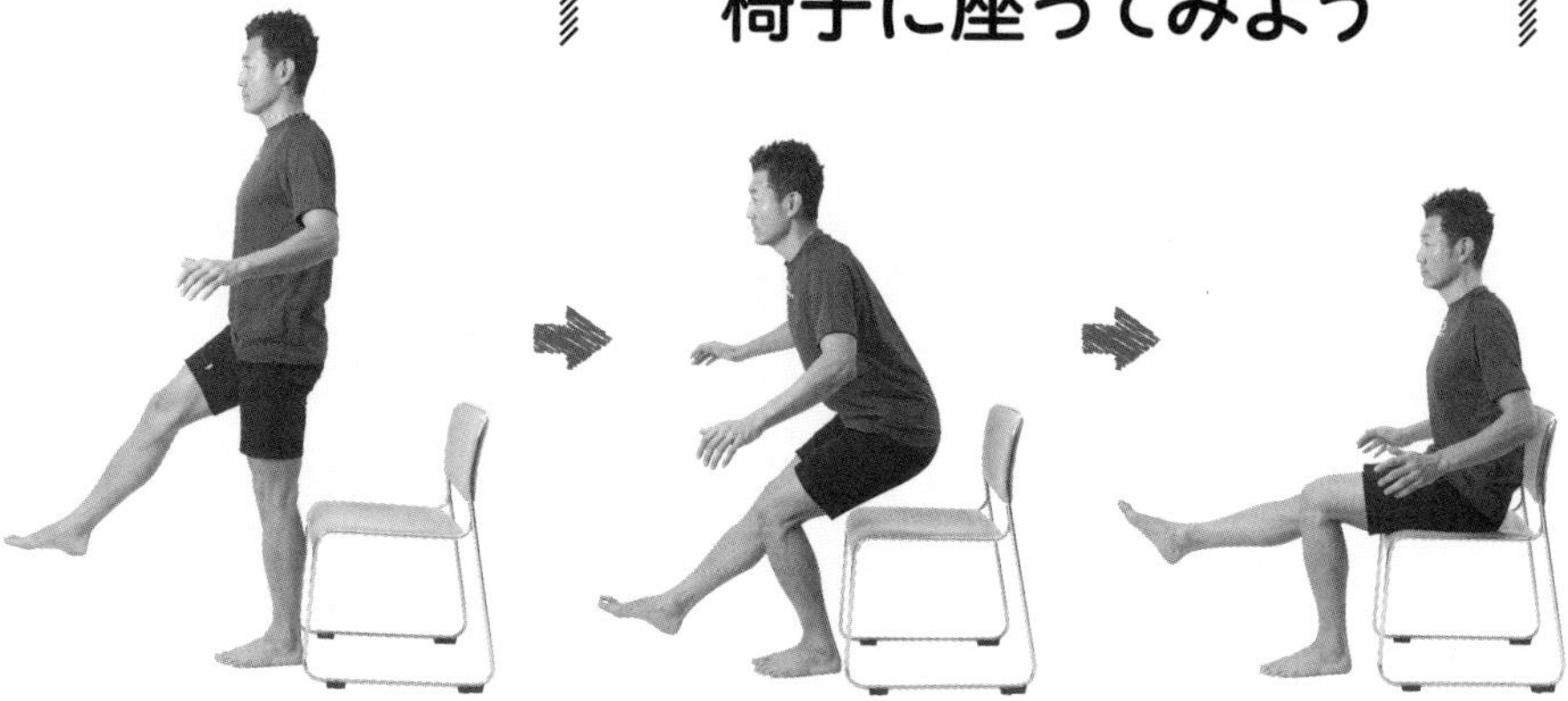

腹筋に力を込め、上手にバランスをとりながら座ってみよう。

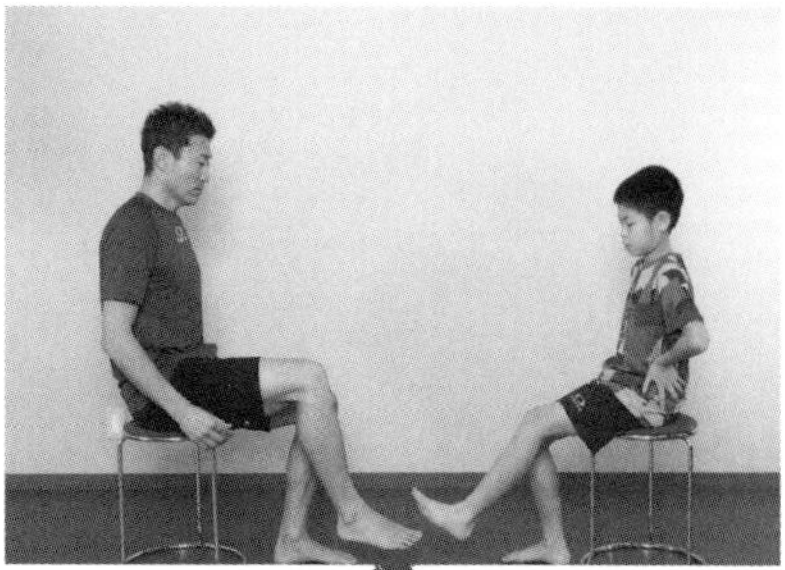

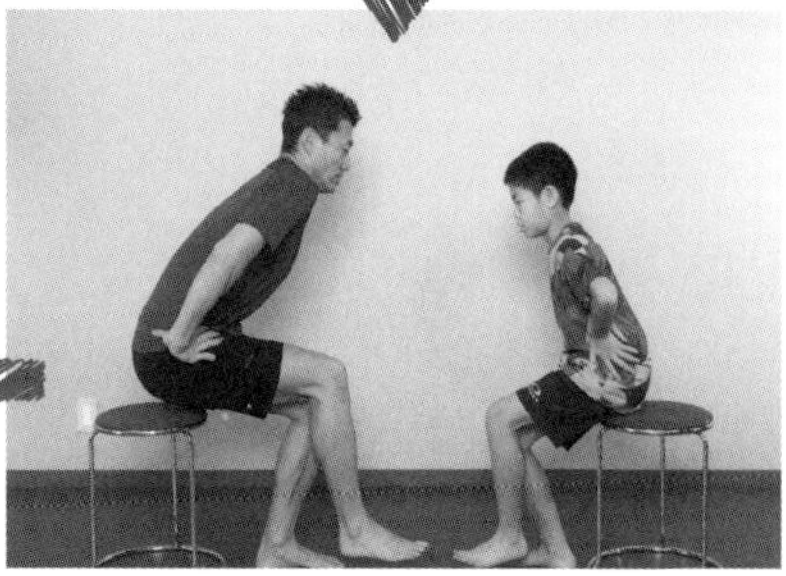

背中を丸めて「よっこらしょ！」ではなく、背中のラインはまっすぐに、軽やかに立ち上がってみよう。

スイッチマン体操

31

ケガ予防編《よぼうへん》

〈左右交互に20回〉

カカトタッチ

ヒザを柔軟に動かしておけば、足のケガはかなりの確率で防げる。最後は、手のひらをカカトにタッチする動きを繰り返しやってみよう。

リズミカルに
手《て》のひらと足裏《あしうら》を合《あ》わせる

目線を正面に向けて、まっすぐに立つ。

目線を正面に向けたまま、左手のひらを左カカトにタッチ。

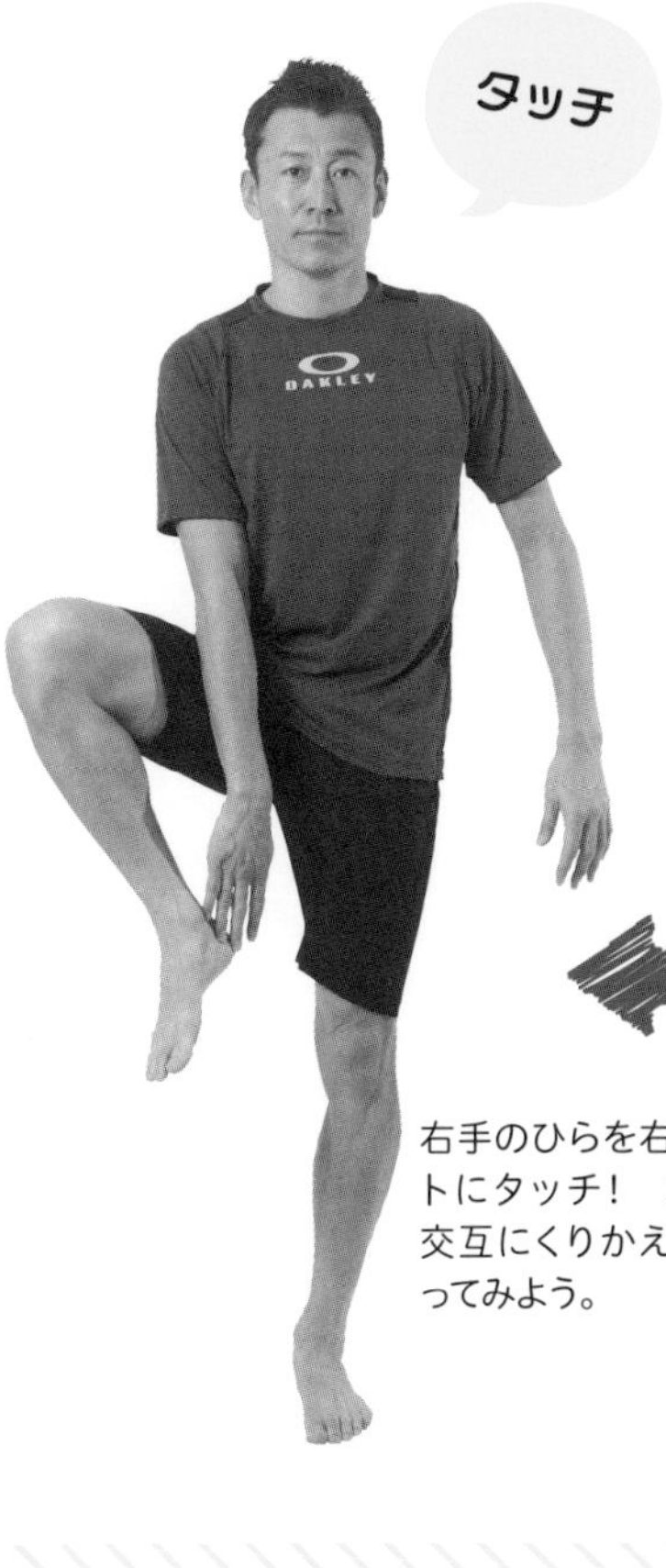

右手のひらを右カカトにタッチ！　左右交互にくりかえしやってみよう。

応用編

カラダの内側《うちがわ》と外側《そとがわ》で交互《こうご》にタッチ

カラダの内側だけではなく、外側でも手のひらとカカトを合わせる。
それができたら、内、外、内…と交互に行う。徐々にスピードアップしていこう。

リズミカルに手《て》と足《あし》を動《うご》かすぞ！

リズミカルに動こう。
ケガ予防だけでなく、
上半身と下半身の連動
も身につけられる。

◎OK

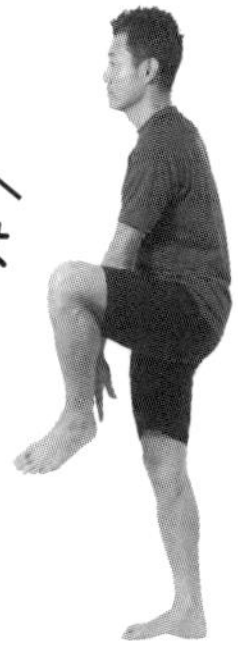

背中は真っすぐ！

しっかりとヒザが
上がっている。

×NG

背中を丸めている

ヒザを上げるんだ。
手を下げるんじゃ
ないぞ！

毎日やりたい！オリジナルのスイッチマン体操メニューをつくろう！

これまでに紹介してきたスイッチマン体操は、〈1ヒジつき胸開き〉から〈31カカトタッチ〉まで全部で31種目ありますが、毎日すべてを行わないと効果が出ないというものではありません。もちろん、毎日すべてできればベストですが、気がついた時に2つ3つ行うだけでも効果はあります。

「やらなければいけない」と義務的に考えるのではなく、「じゃあ、やろうか！」というくらいに気を楽にして遊び感覚で始めてみてください。まずは、子どもが「楽しい」と感じることが何よりも大切なのです。

子どもが楽しいと感じられるようになったら、次のステップとしてスイッチマン体操を生活の中に取り入れて習慣化していきましょう。朝でも、夜にお風呂に入る前でもいつでもOKです。たとえば左ページの表のように曜日ごとに行う体操を変えていきます。5つくらいなら5〜8分もあればできてしまいます。ここに紹介したのは一例に過ぎません。子どもと一緒にオリジナルの「スイッチマン体操メニュー」を作成してみてはいかがでしょうか。

スイッチマン体操を1カ月、3カ月、1年と続けていく中で運動不足は解消、あなたの子どもに健康なカラダが育まれていきます。

週間メニューの組み方(一例)

▷月曜日

1 ヒジつき胸開き

2 両腕上げ下げ

11 足振り上げ

12 足横振り上げ

23 片手水平
腕足前後振り

▷火曜日

4 肩甲骨クロス

13 股関節まわし

17 お尻歩き

18 ワニ歩き

19 その場ダッシュ

▷水曜日

3 肩甲骨開き

16 両腕水平
股関節まわし

22 足首持ち
ヒザ伸ばし

24 カニタッチ

25 片足立ち
数字描き

▷木曜日

5 クロス腕振り

6 手首返し

14 足横上げ

15 骨盤上げ

26 飛行機バランス

▷金曜日

8 前後クロス

12 足横振り上げ

28 足首・
足指まわし

30 椅子から
片足立ち

31 カカトタッチ

▷土曜日

9 体幹ひねり

13 股関節まわし

21 人間ドリブル

27 バッテン・
テープ

29 つま先歩き
カカト歩き

【▷日曜日】1〜31をすべてやってみよう!

COLUMN

スイッチマン的日常①

カカトを高くしたまま階段を上がる

駅やデパートでは、エスカレーターを使わずに階段を上がろう。実はこれが、とっても良い運動になる。でも腰を落とした姿勢で「よっこらしょ」とやってしまっては意味がない。カカトを高くキープした状態で、さっそうとカラダを動かしてみよう。

この階段の上がり方をすると、速く走るために必要なお尻まわりの筋肉にスイッチが入るぞ！

◎OK

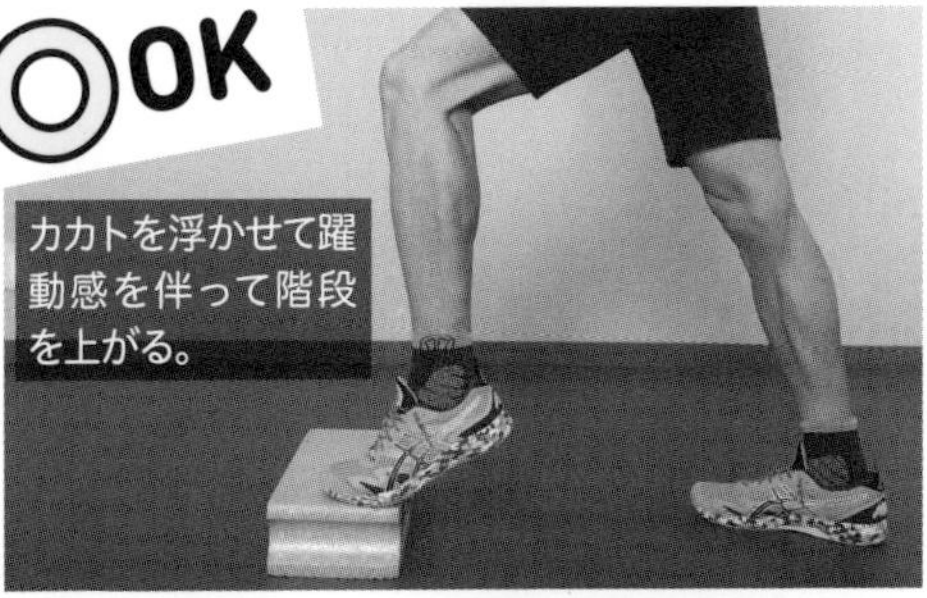

カカトを浮かせて躍動感を伴って階段を上がる。

×NG

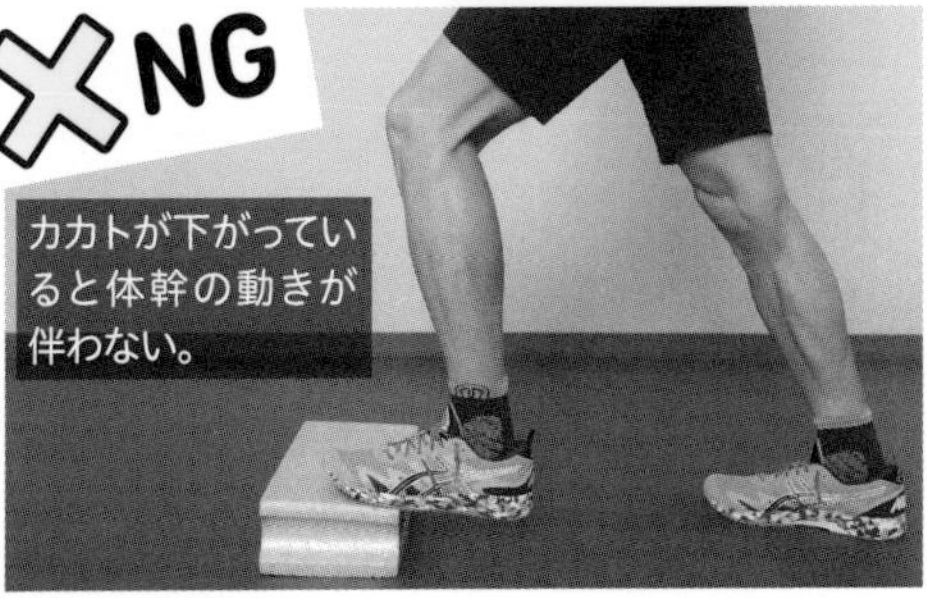

カカトが下がっていると体幹の動きが伴わない。

SWITCH MAN

第2章

子どもの将来に備える 9つのポイント

子どもの将来に備える9つのポイント

「放っておいても育つ」そんな時代は終わっている

子どもは放っておいても育つ。自由に遊ばせておけばいい――。

そんな風に言われていた頃もありました。「昭和の時代」の話です。

幼稚園や小学校から帰ってきた子どもたちは、すぐに家を飛び出して友だちと一緒に駆け回って陽が暮れるまで遊んでいました。そうする中で一年一年、スクスクと成長していったのです。まさに「放っておいても育つ」でした。

知っておきたい9つのポイント

1. こんなに変わる！ 運動を「積極的にやる子」と「やらない子」
2. 長続きする運動のやり方 「10」か「0」かではなく「1」が大切
3. 肩甲骨と骨盤が動かないと… 気にしたい「立ち姿勢」と「転び方」
4. 多様性のある子どもに育てたい 集中は大切、でも執着は不要です
5. 運動をする子は勉強もできる！ スポーツで脳は磨かれる
6. 「なぜ勝てたか」「なぜ負けたか」 達成感を身につけるために必要なこと
7. 競争だけにこだわらない 自分の成長を喜べる人間に育てたい
8. 心だけでもカラダだけでもダメ そして大切なのが「スイッチの入れ方」
9. 生活にリズムを！ 充実した毎日を！ そのために「書く」クセをつけさせよう

でも、「令和の時代」は、そうはいきません。

子どもを放っておくと、つまりは多くを気にかけずにいると、後々大変なことになるかもしれません。いや、その可能性が極めて高いのです。

勉強の話？ 受験のこと？

そうではありません。

子どもたちの健康に関わることです。

時が流れ、子どもたちを取り巻く環境は大きく変わっています。いま、子どもたちを「放っておく」とどうなるでしょうか？

外に出て駆け回って遊ぶ子が、極端に少なくなっているのです。つまり、成長期に必要な運動をしていない。これはゲーム機などが普及したことと無関係ではないでしょう。運動不足は、子どもの将来を考える上で、健康面での大きな問題なのです。

子どもには健康でいてもらいたい。そして、スクスクと育ち、大人になっても健康状態を保ってほしい。それが親共通の願いでしょう。そのために必要なこととは何かを、これから解説していきます。

1
子どもの将来に備える9つのポイント

こんなに変わる！運動を「積極的にやる子」と「やらない子」

ゲーム機などの普及により動きまわる子どもが少なくなった

社会が近代化していく中で、子どもたちを取り巻く環境は大きく変わりました。たとえば50年前、個人で遊ぶゲーム機などは普及していませんでした。ですから、ほとんどの子どもたちは学校から帰ると友だちと一緒に、外を動きまわって遊んでいたのです。

もちろん、いまも外に出て動きまわって遊んでいる子はいます。スポーツクラブでスイミングや体操をしている子、野球やサッカーなどのクラブチームで汗を流し続けている子もいます。でも、部屋の中にこもってゲーム機などで遊び続ける子どもが随分と増えていますよね。

気になる子どもたちの姿勢ケガをしにくいカラダに！

さて、運動を「積極的にやる子」と「やらない子」の間には、どのような差が生じ

るのでしょうか？

　人間は10代半ばまでに、カラダを動かす神経回路が確立されます。よって、この時期に運動をやっているか、やっていないかが、その後の運動能力に大きな影響をもたらすのです。

　運動が苦手だと思い込んでいる子どもは、どうしても外に出て遊びたがらない傾向にあります。でも、何も人と競うようなことをしたり、激しい運動をする必要はありません。自分のペースでカラダを動かす習慣を身につけさせてあげましょう。第1章で紹介している「スイッチマン体操」を、ぜひ親子でやってみてください。子どもが、それを楽しいと感じられれば、それで十分に効果があります。

　運動を「積極的にやる子」と「やらない子」の差は、それだけではありません。
　最近、とても気になるのは姿勢の悪い子どもが多いことです。部屋の中などで背中を丸めてゲームばかりしている子が増えていることと無関係ではないでしょう。そのまま年齢を重ねると硬く、ケガをしやすいカラダになってしまいます。運動能力を高めるだけではなく、健康に育つためにも運動習慣は必要なのです。

2

子どもの将来に備える9つのポイント

長続きする運動のやり方「10」か「0」かではなく「1」が大切

大きく変化してしまった子どもたちの運動環境

ガッツリとスポーツに取り組む場はあっても、適度に運動する場所がない――。

それが近年、子どもたちがおかれている環境のように感じます。

たとえば、野球のシニアリーグやボーイズリーグ、サッカーのクラブチーム、スイミングスクールなどは多くあります。そこに所属する子どもたちは、たとえ練習がない日でもさまざまな課題が与えられていて、ガッツリと運動に取り組んでいます。

でも、運動能力が高い子どもばかりではありませんし、そこまでガッツリではなく、もっと適度に楽しんで運動をさせたいと考える親御さんもいらっしゃることでしょう。数十年前なら、子どもたちは木登りをしたり、公園を走りまわったりしていました。また学校単位で放課後も運動できる場があったのですが、いまは、そんな環境を見つけるのも大変です。

継続して運動を行うためにも無理をしてはいけない

運動に対する考え方も、取り巻く環境によって極端になりました。「運動をする＝本格的にやる」「運動をしない＝まったくやらない」

つまり、「10」か「0」かを選ぶようになってしまっているのです。

この在り方は、あまりに不健全。本気でスポーツに取り組もうとした子どもが、練習が辛く挫折すると、まったく運動をしなくなってしまいます。また、スポーツのクラブチームなどに入らない子どもはゲーム三昧で、運動で遊ぼうとしないのです。

「10」か「0」ではなく、「1」「2」があっても良いのではないでしょうか。継続して何かを行なうためには、無理は禁物です。

嫌にならない程度に、子どもたちに運動機会を与えることが大切でしょう。お父さん、お母さん、第1章で紹介している体操を子どもたちと一緒にやってあげてください。難しい動きは、ほとんどありません。カラダを動かすことを楽しいと感じることで、子どもの運動不足は、解消されます。

子どもの将来に備える9つのポイント

③ 肩甲骨と骨盤が動かないと…気にしたい「立ち姿勢」と「転び方」

肩甲骨を動かせるようにする それが姿勢改善の最良策！

私は、セミナーなどで子どもたちのトレーニング指導をする機会が多いのですが、とっても気になることがあります。それは、子どもたちの「立ち姿勢」と「転び方」。

姿勢が悪い子どもが、多く目立ちます。いや、子どもだけではないですよね、大人も同じです。パソコンを前にして長時間、仕事をしていることと無関係ではないでしょう。肩まわりの筋肉が固まり、背中を丸めて歩いている人を多く見かけます。子どもたちもゲームばかりやっていると、知らず知らずのうちに姿勢が悪くなっているのです。

これを改善するには、どうすればよいか？

ズバリ、肩甲骨を動かせる習慣を身につけましょう。気がついた時に肩甲骨を動かす体操を行えば、姿勢は改善されます。第1章の1から10で、肩甲骨をしっかりと

動かすスイッチマン体操を紹介しています。ぜひ、お子さんと一緒にやってみてください。姿勢が良くなり、肩こり予防にもなります。

カラダが硬いために転んだだけでケガをしてしまう

もう一つの気になること…「転び方」。

転ぶこと自体には、問題はありません。駆けまわって遊んでいれば転ぶこともあるでしょう。懸念するのは、「転び方」です。

肩甲骨まわり、そして股関節がやわらかく保たれていたなら、転び方はしなやかなものになります。ヒザを擦りむくぐらいはあるでしょうが、骨折に至ることはほとんどありません。しかし、最近は転んだだけで大ケガをしてしまう子どもが増えています。その理由は、肩甲骨まわり、股関節をロックさせてしまっているからです。この箇所の柔軟性は特に大切。スイッチマン体操をしっかりやって、ケガに負けないしなやかなカラダを実現させましょう。

4

子どもの将来に備える9つのポイント

多様性のある子どもに育てたい集中は大切、でも執着は不要です

お勧めしたい！クロストレーニング

スポーツに対する取り組み方において、日本は旧態依然としている部分があります。その傾向は近年、わずかに改善の兆しが見えてきてはいますが、まだ根強く残っています。

それは、多様性が薄いこと。

野球を始めた子どもは、ずっと野球の練習をします。サッカーを始めた子どもは、ずっとサッカー。これは、水泳であっても、バレーボール、バスケットボールであっても同じです。

しかし、海外…たとえば、米国においてはそうではありません。

子どものころから2つ以上の競技に取り組むことが、当たり前になっています。野球とバスケットボール、アメリカンフットボールとレスリング、バスケットボールと陸上競技など、クロストレーニングが主流なのです。

「集中」はとっても大切
でも「執着」する必要はない

「野球選手として活躍したいんだから、ほかのことはせずに野球に集中した方がいいんじゃないか」

そんな風に言われる方もいますが、私は自らの指導経験上、クロストレーニングは有効だと考えます。

「今日はプールに入りましょう」

ランニングの指導の際に、こう話すことがあります。

（なぜ水泳？）

最初は皆さん、不思議そうな顔をしますが、プールを出て走った時に1つのことに気づきます。フォームが良くなっているのです。それは、泳いだり水中を動いたりすることで肩甲骨の動きがなめらかになったからです。これはほんの一例ですが、普段しない動きをすることでパフォーマンスに好影響をもたらすことは珍しくないのです。

練習において「集中」は大切です。でも、練習のやり方に「執着」する必要はありません。子どもたちに多様性を持って指導をし、可能性を広げてあげましょう。

子どもの将来に備える9つのポイント

５ 運動をする子は勉強もできる！スポーツで脳は磨かれる

「運動」と「勉強」における昔ながらの間違ったイメージ

運動が得意で部活動を頑張っている子は、勉強ができない。逆に、勉強ができる子は、ずっと机に向かっているので運動が苦手。マンガに出てくる「ガリ勉くん」キャラの影響もあるのかもしれませんが、そんなイメージを持つ人がいまも少なからずいます。でも、実際にはそんなことはありません。部屋に閉じこもってカラダを動かさない

子どもが、運動が苦手になることはあるでしょう。でも、運動を頑張ってやっているから勉強が苦手になることはありません。むしろ逆で、運動をしっかりやってこそ勉強ができるようになるのです。

スポーツを通して「必要なことは何か」を考える

その理由は2つあります。
まず1つ目は、運動をすることで成長期に程よいリズムが作られること。1日の計

画を立て、運動時間、学習時間を振り分けることで生活にメリハリがつき、ダラダラと過ごすことがなくなります。疲れ切って勉強ができないほどにハードに運動をする必要はありません。適度にカラダを動かすことで体内の細胞も活性化されるのです。

すると短時間で効率よく勉強ができるように習慣づいていきます。

2つ目。実は、こちらの方が重要なのですが、スポーツは考える機会を多く与えてくれます。野球でも、サッカーでも、柔道でも何の競技でも同じですが、真面目に取り組んでいれば壁にぶち当たることがあります。

「なぜ自分は、上手くできないのか?」と。そんな時、自分には何が足らないのか、何をすべきなのかを考えます。そして、実践する。

これは、勉強にも共通すること。できなかったことをできるようにしていく。わからなかったことを学んでわかるようにしていく。このプロセスは同じ。

運動に真摯に取り組める子どもは、勉強もできます!

子どもの将来に備える9つのポイント

6

「なぜ勝てたか」「なぜ負けたか」達成感を身につけるために必要なこと

「勝って嬉しい」「負けて悔しい」その感情を抱くことは大切

運動会の徒競走で順位をつけない。

数年前に、そんな学校があることが話題になりました。賛否両論があったようです。

順位をつけない理由は、「ビリになった子どもが可哀想だから」「足の速い子どもも、遅い子どももみんな平等に」ということらしいのですが、これはどうでしょうか。

私は、順位はつけるべきだと思います。

なぜならば、順位をつけなかったところで、目の前で子どもたちが走っているのですから、1等とビリは明確になっています。

加えて、子どもたちに「嬉しい」「悔しい」という感情を抱いてもらいたいからです。

競争社会に向かう前にタフな心を育んでおきたい

あえて言うまでもありませんが、子どもたちが成長していく過程において、競争は存在します。部活動でのレギュラー争い、

中学受験、高校受験などさまざまあります。大人になって社会人生活を営むようになれ

ば、なおさらです。

必要なのは子どもたちに、その段階で「嬉しい」「悔しい」という感情を抱かせ、その理由を考えさせる機会を与えることではないでしょうか。

1等になった子どもは自信をつけてさらに頑張るようになります。負けた子どもは、その悔しさをバネに、どうしたら勝てるようになれるかを考えます。もしかすると、徒競走では1等になるのは難しいけど別のことで1等になろうと思うかもしれません。それも健全な成長なのです。

「なぜ勝てたのか」「なぜ負けたのか」――。

達成感を得るためにも、この部分を考える習慣を身につけさせてあげましょう。長い目で見て、そのことが子どもたちの成長を促すはずです。

⑦

子どもの将来に備える9つのポイント

競争だけにこだわらない 自分の成長を喜べる人間に育てたい

50メートル10秒台だった子が 9秒台で走れるようになったなら

前項で、「運動会の徒競走で順位をつけない」のは違うのではないかと記しました。それは子どもたちに「嬉しい」「悔しい」といった感情を抱いて考えて、次のステップを踏み出してほしいからです。

しかし一方で、「人と競い合うことがすべてではない」ことも子どもたちに理解させてあげたいと思います。

自らの成長は、「他者との勝ち負け」のみで感じるものではありません。

小学生で足の遅い子どもは、50メートルを走るのに10秒以上かかる場合もあります。そんな子どもは、第1章で紹介したスイッチマン体操を頑張ってやっても、すぐには運動会・徒競走の順位が上がらないかもしれません。1年前と同じようにビリでゴールすることもありえます。でも、ここで諦める必要はないのです。

コツコツやれば成果は得られる継続は力なり！

運動会での順位、他者との比較ばかりを意識してしまうと大切なことを見失います。大切なこと、それは、自分自身の成長です。順位は変わらなかったとしても、数カ月前には50メートルを走るのに10秒以上かかっていた子どもが9秒台で走れるようになったなら、それは素晴らしいことじゃないですか。確実に成長を遂げているのです。これは、運動に限らず勉強でも同じでしょう。

ウサギとカメのお話と同じで、自分のペースでコツコツと積み上げていくことは、とっても大切で価値のあることなのです。友だちよりも勝っているか劣っているかを意識するのではなく、自分が成長しているかどうかに目を向ける。人間は、どうしても人にどう見られているかを気にしがちですが、そうではなく己の道を進み自らの成長に喜びを感じる。このスタンスを身につけさせてあげましょう。

継続は力なり——。

子どもの将来に備える9つのポイント

8 心だけでもカラダだけでもダメ そして大切なのが、「スイッチの入れ方」

まず大切なのは、しっかりと動けるカラダの状態をつくること

「スイッチマン体操」は子どものカラダにスイッチを入れることを意識しています。心（気持ち）だけでもカラダだけでもダメなのです。

まず大切なのは、しっかりと動ける健康なカラダをつくることです。いくら強い気持ちを持って何かをやろうとしても、健康でなければ物事に上手く取り組めません。勉強を頑張ろうと思っても、体力がないと続かないですよね。

まずは、子どもにとって健康が第一です。健康とは、単に病気にならないことを指すのではありません。何かをやろうと思った時に「スイッチを入れる」ことができるカラダの状態をつくり保つのです。

ついダラダラと過ごしてしまう…それは気持ちが弱いからではない

本当はしなければいけないことがあるの

に、ついついダラダラと一日を過ごしてしまうことはありませんか。心あたりがある

方がほとんどだと思います。やる気が起きない…これは、大人も子どもも同じです。いわば、「スイッチを入れる」ことができない状態ですね。

なぜ、そうなるのか？

「気持ちの問題」と答える人が多いことでしょう。その通りです。

では、なぜ気持ちがつくれないのか？

「気持ちが弱いから」

いや、そうではありません。答えは、カラダの準備が整っていないからです。文頭で述べましたが、やる気を起こすために、まずはカラダを目覚めさせることが重要なのです。

スイッチマン体操を毎日やって、その後に気持ちにスイッチを入れましょう。子どもたちが充実した日々を過ごせるようになります。

9

子どもの将来に備える9つのポイント

生活にリズムを！　充実した毎日を！　そのために「書く」クセをつけさせよう

三十余年、練習日誌を書き続けて得たこと

ノートに一日の出来事を綴る…つまり、日記を書く。これは、とても大切なことだと経験上、感じています。

中学時代から今日までの三十余年、私は書き続けてきました。ノートは数十冊におよびます。ただ、私の場合は「日記＝練習日誌」。日々の出来事ではなく、その日に行った練習内容とコンディション、そして

感想を簡単に記してきました。陸上競技の選手として上を目指していた時、トライアスロンで日本代表となり海外を転戦していた時、また指導者となった後も毎日書いています。

あなたは、「一年が過ぎるのがあまりにも速い」と感じたことはありませんか？

「ついこの前、年が明けたばかりなのにもう子どもたちの夏休み、今年も半分以上が終わってしまった…」と。

時間が経つと数日前に何をしていたか、

何を食べたかを忘れてしまいますよね。すると、時間の流れを速く感じます。しかし、日記をつけていれば、数日前を簡単に振り返ることができ、時間の感覚が変わります。

簡単なメモ形式で構わない 書き続けることで人生が変わる

ぜひ、お子さんに日記を書くことを勧めてあげてください。長い文章を書く必要はありません。簡単なメモ程度のものでよいのです。その日にやった運動、また、帰宅後にやった勉強の時間と内容、そこに少し感想を加える。ほんの5分で書けてしまうものでOKです。

一日にやったことを振り返る機会を持つと、「明日は…」と無意識のうちに考えます。すると、計画的に行動することを子どもが身につけていきます。これは、運動習慣だけではなく、学習習慣を養うことにも役立つでしょう。

最近は、スマートフォンやパソコンで日記を書く方が増えているようですが、そうではなくノートに鉛筆（ペン）で書いた方が良いように私は思います。それは読み返した時に、当時の思い（感情）が筆致に残されていることに気づけるからです。

COLUMN スイッチマン的日常②

「肩甲骨」で手を洗うぞ！

手を洗う時にも肩甲骨をしっかりと動かしてみよう。日常生活のちょっとした動きも工夫次第でトレーニングに変えることができるんだ！

「肩甲骨！　肩甲骨！」と声を出しながらやると楽しいぞ！

ヒジは伸ばし左右の腕を交互に前後させ、肩甲骨を動かす。

「肩甲骨」でスイッチを入れるぞ！

部屋のライトをつける際にはスイッチを指で押す。そんな時にもひと工夫だ。ヒジを伸ばした状態から肩甲骨を動かしてスイッチオン！

ちょっとした動作でも肩甲骨を意識して動かすことができる。

SWITCH MAN

第3章

教えて！ スイッチマン Q&A

OSHIETE SWITCHMAN

Q1

運動神経が「良い」「悪い」は遺伝なのでしょうか？
カラダの「硬い」「やわらかい」もやはり子どもに遺伝しますか？

A 遺伝よりも大きなことがあります。

運動能力には、遺伝も影響するでしょうが、それがすべてではありません。むしろ、子どもたちがおかれる環境が大きく影響すると感じます。

親が運動が得意だと、子どもに対して積極的にカラダを動かすことを勧めます。

「一緒に走ろう」「キャッチボールをしよう」という感じで。

しかし、逆の場合はどうでしょう。運動が得意ではないと「キャッチボールをしよう」とは言い出さないのではないでしょうか。楽しく運動する機会が与えられるか否かで運動能力に差が生じていくのです。

これは、カラダが「硬い」「やわらかい」にも共通します。

「私がカラダが硬いから、あなたも硬いのよ」

そう言われると子どもは「自分はカラダが硬い」と思い込んでしまいます。ところが、「やわらかいねぇ」とほめられると喜んでストレッチを続けるようになり、自然に、動きやすいカラダをつくっていくのです。**ポイントは、遺伝よりも「環境」です。**

OSHIETE SWITCHMAN

Q2

息子は小学2年生なのですが、
足が遅いのです。
どうすれば、速く走れるように
なれるでしょうか？

A 肩甲骨と股関節の動きを活性化させよう。

まず基本的なことから考えてみましょう。

速く走るために大切なのは、一歩の歩幅を大きく（長く）することと、足を速く動かすことです。いわゆる「ストライド」と「ピッチ」ですね。つまり、大きく一歩を踏み出し足を素早く前に出せれば、速く走れるようになります。

では、そのためには何をすればよいのか？

あなたのお子さんは、肩甲骨と股関節をやわらかく動かせているでしょうか。

この部分をチェックしてあげてください。

近年、この部分を硬くしてしまっていて、上手に動かせない子どもが、少なくありません。第1章では、肩甲骨と股関節をやわらかくし動きを活性化させる「遊び感覚でできる」トレーニングを紹介しています。ぜひ、お子さんと一緒にやってみてください。

毎日、続けて行う中でカラダの動きが変わり、これまでよりも速く走れるようになります。

OSHIETE SWITCHMAN

Q3

子どもを外で
遊ばせたいのですが、
ケガをしないかと心配です。
どうすれば…。

A 子どもが願うなら行かせてあげましょう。

「ぬれたせっけん」をつかむのと同じですね。強く握り過ぎると、スルッと逃げてしまう。弱く握れば、落としてしまいます。

つまり、心配するあまりに「危ないから絶対に外に行っちゃダメ！」と強く縛ってもいけないし、無関心で放っておいてもいけないということです。

ぬれたせっけんを適度な強さで握るように、程よく対応していきましょう。

外で遊べば、何かにぶつかったり転んだりしてケガをすることはあります。心配する気持ちもわかります。でも、子どもをずっと部屋の中に閉じ込めておくわけにもいきませんよね。

「外で友だちと一緒におにごっこがしたい」

「公園で遊びたい！」

子どもが、そう願うなら遊びに行かせてあげましょう。それでも心配ならば、子どもに気づかれないように公園の外からそっと見守ってあげてください。

その過程で、「外で遊ばせても大丈夫」と安心できるようになることでしょう。

OSHIETE SWITCHMAN

Q4

うちの子はゲームばかりしていて運動をしません。この状況を変える方法を教えてください。

A 第三者の力を借りるのも効果的です。

この相談は、よく受けます。

「ゲームばっかりしていないで勉強をしなさい、運動をしなさい」

親御さんが口酸っぱく言っても、学校から帰宅後に座りこんでゲーム機を手から離さない子が、年々増えているようですね。

この場合、「ゲームばかりしていないで…」とお母さんが言い続けてもあまり効果はないでしょう。**なぜならば、言われ慣れてしまっていて心に響かないからです。**

こんなことがありました。ゲーム大好きの小学校2年生の子が、自分の身長が低いことを気にしていたのです。そんな彼に私は言いました。

「毎日欠かさずストレッチをやるといいよ。スイッチマンは、子どもの頃からずっとストレッチをやっていたから、身長がグ～ンと伸びて178センチになったぞ」

翌日から、その子はゲームよりもストレッチに夢中になったそうです。**身近な人よりも、第三者の力を借りた方が子どもの心を動かせることもあります。**

OSHIETE SWITCHMAN

Q5

息子を将来、有名なスポーツ選手に育てたいです。どうすればいいでしょうか？

A 機会を与えることは大切、その後は…。

親が子どもの将来に期待する…。これは、当然のことでしょう。自分が野球が大好きだという理由から「将来は、松井秀喜やイチロー、大谷翔平のようなスーパースターになってほしい」、あるいはサッカーが好きで、中田英寿のような選手になってもらいたいと願います。

子どもの頃から、グローブとバット、ボールを渡して野球を教える、また、サッカークラブに入れる。

これは、機会を与えるという意味で良いことだと思います。子どもが野球に夢中になり、実際にプロ野球選手に育つ可能性もゼロではありません。プロにはなれなくても高校、大学、さらには社会人になっても野球を楽しんで続け活躍できれば、それは素晴らしいことです。でも、無理をさせてはいけません。子どもが実際にやってみて、その競技を好きになれないこともあれば、運動能力が伴わず挫折することもあります。

親としてできることは、機会を与えること。その後は、子ども次第なのです。

OSHIETE SWITCHMAN

Q6

運動が上手くできなくて何が悪いのでしょうか？そのデメリットが何かを教えてください。

A

「苦手」はOK、でも「やらない」はNG。

運動が苦手なことは、子どもの将来において何の問題もありません。長い人生を考えれば、運動能力が高いか低いかがすべてではなく、ほかに大切なこともあります。

それでも生涯を通して心身ともに健康であり続けるためには、子どもの時から運動習慣を身につけておく必要があるでしょう。

「運動が得意・苦手」

「運動をする・しない」

これらは、同じではありません。

運動が得意な子どもは、積極的にカラダを動かすようになります。しかし、苦手だと逆に運動をしなくなってしまう。

ここが、問題なのです。

他人と競わせる必要はありません。運動能力がほかの子どもたちよりも劣っていたとしても、一向に構いません。

それでも、「カラダを動かせることは楽しい」と思えるように導いてあげてください。運動が苦手なことに問題はありませんが、運動をしないと（第2章でも述べた通り）多くのデメリットが生じますから。

OSHIETE SWITCHMAN

Q7

私に似たのか、娘は本番で
緊張しやすく運動会で本来の
力が発揮できません。
勝負強い子に育てたいのですが…。

A 緊張することは、決して悪くありません。

自分にとって重要な局面を迎えていると思えば思うほど、緊張はするものです。これは、子どもに限ったことではありません。社会人になってからも同じです。

たとえば、絶対に失敗できないプレゼンテーション。否が応にも肩に力が入って緊張することでしょう。

でも、緊張をやわらげることはできます。

それは、しっかりと準備をすること。準備が十分にできていないと不安が残りますが、「やるだけのことはやった」と思えれば自信が宿ります。勝ち負けはあくまでも結果、大切なのは全力を尽くすことだと思えるようになります。子どもに、あなたからそのことを教えてあげてください。

もう1つ言えば、緊張することは決して悪いことではありません。緊張感を味わうことは、人を成長させてくれます。緊張していい。むしろ、その状況から逃げ出さずに緊張しながらも精いっぱい闘うことが子どもたちを強くするのですから。

OSHIETE SWITCHMAN

Q8

よく眠る子は、
よく育つと言われます。
でも、うちの息子は眠るのが
遅く、いつも寝不足。
そのためか、覇気がありません。
どうすれば…。

A めいっぱいカラダを動かしましょう。

朝、起きられない子どもが増えています。そのため、学校においても遅刻する、学校を休んでしまう子どもが珍しくないという状況が生まれているようです。

なぜ、起きられないのか？

その原因の大きな一つは、運動不足にあります。

数十年前、子どもたちは学校から帰ってきた後、みんな外で動きまわって遊んでいました。夕食をとって、その後にお風呂に入るともうグッタリ。布団に入りすぐに眠りにつけました。運動をめいっぱいした分、カラダが疲れ切っていたからです。でも、ゲームや勉強で脳は疲れていても、カラダが疲れていないと上手に寝つけません。

そんな場合は、**お風呂に入る前に短時間でも構いませんから、子どもに第1章で紹介しているスイッチマン体操をさせてあげましょう。**すべてを行う必要はありません。5つでも6つでもよいのです。そして、しっかりと湯船につかりカラダをほぐす。これだけで寝つきが良くなり睡眠の質も向上、朝の目覚めが良くなります。

おわりに

いかがだったでしょうか?

成長期にある子どもたちが運動をすることの必要性、「スイッチマン体操」の楽しさ、そして子どもたちにとっての運動とは何か。スポーツはトップレベルを目指す子どもたちだけが行うものではないこと、ハードにやる必要もないこと、子どもたちが、健全な肉体を宿すために適度に楽しく取り入れるものであること。それらに、理解、共感をいただけたなら嬉しく思います。

本書の第1章「楽しく簡単にできるスイッチマン体操」は、動画と連携しました。まずは紙面で動きを理解し、動画を再生しながら実際に

自分の成長を喜んで生きる人間に育ってほしい。

カラダを動かすことで、より正確な動作を把握してもらうためです。YouTubeでのスイッチマン動画は今後もアップし続けていきます。期待してくださいね！

大切なのは、子どもが楽しさを感じながらカラダを動かすこと。それができれば、運動能力の高低に関係なく運動習慣が身につきます。それは、子どもたちの健全な成長に多大な好影響を及ぼすことでしょう。

願いはひとつ。

明るい未来を実現するために、すべての子どもたちに元気を与えたい！

2021年春　「スイッチマン」青山剛

監修・モデル

青山 剛（あおやま・たけし）

1974年7月生まれ、東京都出身。

パーソナルコーチングシステム「Team AOYAMA（チームアオヤマ）」代表。日本体育大学入学後、トライアスロン競技をスタートしプロとして活躍、日本代表として世界選手権にも出場した。その後、トライアスリートの中西真知子のコーチを務め、2004年アテネ五輪出場へと導く。現在はプロアマ問わず幅広い層を対象に指導に当たっている。著書に『速く、長く、美しく走るための体幹スイッチランニング 改訂版』『走らないランニング・トレーニング 新版』『走る前に読む！ ランニングの取扱説明書（トリセツ）』（以上、マイナビ出版）、『仕事ができる人の「走り方」』（日本実業出版社）ほか多数。共同監修作に『最高のカラダをつくる！ 究極のストレッチ125』（宝島社）がある。

https://www.coach-aoyama.com/

子どもの成長を助ける
スイッチマン!!
チャンネル登録は
コチラ！

STAFF
構成／近藤隆夫
協力／廣井章乃
撮影／真崎貴夫
写真提供／Shutterstock
イラスト／瀬川尚志
スイッチマンロゴ・イラスト／FunSpo!
装丁・本文デザイン／平田治久（NOVO）
子どもモデル／永田悠樹、鈴木湊士、鈴木杏渚、鈴木舷太
衣装協力／ルックスオルティカジャパン株式会社（オークリー）
アシックスジャパン株式会社

運動センスが目覚める！
おうちでできる スイッチマン体操

2021年5月5日 初版第1刷発行

著 者 青山 剛
発行者 小山隆之
発行所 株式会社 実務教育出版
163-8671 東京都新宿区新宿 1-1-12
電話 03-3355-1812（編集） 03-3355-1951（販売）
振替 00160-0-78270

印刷／文化カラー印刷　製本／東京美術紙工

ISBN978-4-7889-0910-6 C2075